PAUL RICŒUR
SUR LA TRADUCTION

保罗·利科论翻译

[法] 保罗·利科 著
章文 孙凯 译

生活·讀書·新知 三联书店

Copyright © Les Belles Lettres, 2016
© Comité editorial du Fonds Ricoeur
Authorised translation from Jean-Paul Ricœur

Simplified Chinese Copyright © 2022 by SDX Joint Publishing Company.
All Rights Reserved.
本作品简体中文版权由生活·读书·新知三联书店所有。
未经许可，不得翻印。

图书在版编目（CIP）数据

保罗·利科论翻译／（法）保罗·利科著；章文，孙凯译．—北京：生活·读书·新知三联书店，2022.8
（法兰西思想文化丛书）
ISBN 978-7-108-07405-8

Ⅰ．①保⋯　Ⅱ．①保⋯②章⋯③孙⋯　Ⅲ．①翻译理论－研究　Ⅳ．① H059

中国版本图书馆 CIP 数据核字（2022）第 069357 号

责任编辑	吴思博
装帧设计	刘　洋
责任校对	张　睿
责任印制	宋　家
出版发行	生活·讀書·新知 三联书店
	（北京市东城区美术馆东街 22 号 100010）
网　　址	www.sdxjpc.com
图　　字	01-2018-4696
经　　销	新华书店
印　　刷	三河市天润建兴印务有限公司
版　　次	2022 年 8 月北京第 1 版
	2022 年 8 月北京第 1 次印刷
开　　本	880 毫米 × 1230 毫米　1/32　印张 5.625
字　　数	83 千字
印　　数	0,001-4,000 册
定　　价	59.00 元

（印装查询：01064002715；邮购查询：01084010542）

"法兰西思想文化丛书"编委会

王东亮　车槿山　许振洲　杜小真

孟　华　罗　芄　罗　湉　杨国政

段映虹　秦海鹰　高　毅　高　冀　程小牧

"法兰西思想文化丛书"总序

20世纪90年代,北京大学法国文化研究中心(前身为北京大学中法文化关系研究中心)与三联书店合作,翻译出版"法兰西思想文化丛书"。丛书自1996年问世,十余年间共出版27种。该书系选题精准,译介严谨,荟萃法国人文社会诸学科大家名著,促进了法兰西文化学术译介的规模化、系统化,在相关研究领域产生广泛而深远的影响。想必当年的读书人大多记得书脊上方有埃菲尔铁塔标志的这套小开本丛书,而他们的书架上也应有三五本这样的收藏。

时隔二十年,阅读环境已发生极大改变。法国人文学术之翻译出版蔚为大观,各种丛书系列不断涌现,令人欣喜。但另一方面,质与量、价值与时效往往难以两全。经典原著的译介仍有不少空白,而填补这些空白正是思想文化交流和学术建设之根本任务之一。北京大学法国文化研究中心决定继续与三联书店合作,充分调动中心的法语专家优势,以敏锐的文化学术眼光,有组织、有计划地继续编辑出版这套丛书。新书系主要包括两方面,一是推出国内从未出版过的经典名著中文首译；二是精选当年丛书中已经绝版的佳作，由译者修订后再版。

如果说法兰西之独特魅力源于她灿烂的文化，那么今天在全球化消费社会和文化趋同的危机中，法兰西更是以她对精神家园的守护和对人类存在的不断反思，成为一种价值的象征。中法两国的思想者进行持久、深入、自由的对话，对于思考当今世界的问题并共同面对人类的未来具有弥足珍贵的意义。

谨为序。

北京大学法国文化研究中心

目 录

"法兰西思想文化丛书"总序 …………………… 1

保罗·利科论翻译

译者导言　哀悼中的幸福 …………………… 3
序言 …………………………………………… 36
翻译的挑战与幸福 …………………………… 58
翻译的范式 …………………………………… 71
一种"摆渡"：翻译不可译 …………………… 97
词汇对照表 ………………………………… 110
译名对照表 ………………………………… 113

附录　本雅明《译者的任务》

译者导言 …………………………………… 119
译者的任务 ………………………………… 147

保罗·利科论翻译

译者导言　哀悼中的幸福

保罗·利科（1913—2005）在当代思想史上的大名无人不知，只是鲜少与"翻译"联系到一起。纵观他的学术生涯，神学、哲学、精神分析学都与他的阐释学[1]紧密交织，大致可按高宣扬教授在《利科的反思诠释学》中的分期法对其研究重心的变迁梳理如下：利科出生于罗讷河河谷中的小城瓦朗斯（Valence），母亲在生下他不久后即与世长辞，父亲

---

[1] "Herméneutique"亦称"解释学"或"诠释学"，因翻译学理论文本中常用"阐释学"译法，故将之译为"阐释学"。本文中有若干地方为尊重学界特定的表达习惯（如有学者提出了施莱尔马赫"普遍诠释学"，利科"文本诠释学""综合解释学"，哈贝马斯"批判解释学"等多种说法），将上述三种说法及"阐释""解释""诠释"三词混用，其在本篇导读中的语义并无差别。

也在1915年于"一战"战场上阵亡,是笃信胡格诺派的祖父一家(亦有说法是外祖一家)将他抚养长大,该新教教派对《圣经》的虔诚尊奉或许及早在他心中播撒了对于解读宗教文本的兴趣。利科少年时就表现出了对哲学的热情,先后在雷恩大学(Université de Rennes)和巴黎大学[Université de Paris,亦称索邦大学(La Sorbonne)]学习哲学,1934年以题为"拉舍利耶和拉尼诺作品中的上帝问题"(Problème de Dieu chez Lachelier et Lagneau)的论文获博士文凭,1935年以法国历史上第二高分的成绩通过哲学教师资格考试。1939年,"二战"中的利科应征入伍,不久即被德军俘虏,在战俘营里度过了五年的时光。在此期间,他与同为战俘的哲学家米凯尔·杜弗连(Mikel Dufrenne)一起研读胡塞尔现象学与卡尔·雅斯贝尔斯(Karl Jaspers)的存在哲学著作,并开始翻译胡塞尔《论观念·一种现象学及一种纯粹现象》的第一卷《现象学通论》(*Idées directrices pour une phénoménologie et une philosophie phénoménologique pure*, Tome I: *Introduction à la phénoménologie pure*),后又翻译了胡氏的几篇重要论文,并在1947年与杜弗连合著《卡尔·雅斯贝尔斯与存在哲学》(*Karl*

Jaspers et la philosophie de l'existence）一书，由此进入了"利科思想发展的第一时期"，即"接受现象学与存在主义的时期"。1950年起，利科先后在斯特拉斯堡大学（Université de Strasbourg）、巴黎大学及楠泰尔大学（Université de Nanterre）担任哲学教授，开始反思宗教文本中的象征问题，进入思想发展的第二时期，即"对于象征和神话的历史比较研究时期"；1968年"五月风暴"后，利科辞去楠泰尔大学文学院院长一职，又未能被选为法兰西公学院（Collège de France）哲学讲座教授，遂决意暂别法国学界，于比利时天主教鲁汶大学（Université catholique de Louvain）短暂任职之后，前往美国芝加哥大学神学院教授哲学与神学。这一时期，他继续从弗洛伊德的精神分析学中汲取灵感，1965年出版了《论解释——关于弗洛伊德的论文集》（*De l'interprétation：Essai sur Freud*），以各种心理活动的象征性理论丰富其阐释学体系；后又从美国的分析哲学中得到启发，其标志性的"文本阐释学"框架初成，标志着其思想的"反思与分析的诠释学时期"即第三时期。1975年起，利科代表性著作《活的隐喻》（*La Métaphore vive*）、《从文本到行动》（*Du texte à l'action*）两卷本、《时间与记述》（*Temps et* récit）三卷本陆续面世。1985年，利科重返法国，关注点日趋多元，且表现了对时事、文化及政治、道德问题的一贯关怀，可称为第四时期即"研究语言在'隐喻'和'叙述'形式下的创造性问题"[2]。

综上可见，利科著述不可谓不丰，理论来源不可谓不广阔，但他最重要的称谓恐怕还是当代最重要的"阐释学家"之一。作为学科的"阐释学"是西方的学问，古希腊时代亚里士多德《工具论》中即有文字讨论理解和诠释，可简单定义为"一门指导文本理解和解释的规则的学科"[3]，解释学最早专注于《圣经》的读解，隶属于语文学。独立的阐释学学科肇始于施莱尔马赫，他创立了"普遍诠释学"，将理解的对象从《圣经》、法条、经典文学著作等复杂文本扩大到一切文本，指出了人类认知中"误解"的普遍性和复现作者原意的必要性，开创了古典阐释学的认识论转向；狄尔泰继承施莱尔马赫的认识论传统，致力于"把理解和解释确立为精神科学的普遍方法

---

[2] 高宣扬，《利科的反思诠释学》，同济大学出版社，2004，第175—186页。
[3] 洪汉鼎，《诠释学——它的历史和当代发展》，人民出版社，2001，第1页。

论"[4]，在承认人类无法获得纯客观知识的同时强调以理解主体的"生命体验"尽量复归作者原意；海德格尔扬弃了狄尔泰的部分主张，提出理解的对象不是作者意图而是主体的存在，启迪了伽达默尔的理解本体论，让阐释学的重点从作者偏移到了读者身上，突出读者自身的社会历史性对阅读和理解的影响；利科从伽达默尔和倡导"批判解释学"的哈贝马斯间的争论中获得启发，结合胡塞尔现象学、弗洛伊德精神分析学等多种源流，提出"综合解释学"来融合认识论和本体论，被何卫平称为"西方阐释学的第三次转向"[5]。利科把重点从作者、读者两方转移到了中间的文本之上，认为作者与读者间在文本中表现出的主体间性不是理解的必然障碍，理解主体可以通过代入文本世界来揭示自我，将主客体融合起来。"理解就是在文本前面理解自我。它不是一个把我们有限的理解能力强加给文本的问题，而是一个把我们自己暴露在文本之上并从它那

---

[4] 洪汉鼎，《诠释学——它的历史和当代发展》，第97页。
[5] 何卫平，《西方解释学的第三次转向——从哈贝马斯到利科》，《中国社会科学》2019年第6期，第45页。

里得到了一个放大了的自我，这将是以最适合的方式与意欲的世界相对应的意欲的存在。[6]"

《论翻译》中的"翻译"外延

回顾过利科的阐释学成就，接下来的问题自然是他为何会关注翻译问题，并将与之有关的思考汇聚于《论翻译》一书中。其实，阐释学与翻译间的关系远比我们惯常以为的要紧密。阐释学的西文写法（法文Herméneutique，德文Hermeneutik）显然来自希腊神话中的商人、旅人、小偷、演说者及畜牧业之神赫耳墨斯（法文为Hermès）。这位神明是诸神的信使，为凡人带来诸神的消息和指示。而"因为诸神的语言与人间的语言不同，因此赫耳墨斯的传达就不是单纯的报道或简单的重复，而需要翻译和解释，前者是把人们不熟悉的诸神的语言转换成人们自己的语言，后者则是对诸神的晦涩不明的指令进行疏解，以使一种意义关系从陌生的世界转换到我们熟悉的世界"[7]。从

---

[6] 利科：《解释学与人文科学》，第200页。转引自洪汉鼎，《诠释学——它的历史和当代发展》，第303页。
[7] 同上书，第2页。

这个意义上讲，赫耳墨斯的职责便是神与人的语间译员。他的翻译行为的必要性来自人对另一世界的语言编码的不理解，所以他以语言为媒介，经自己的理解将神的表达意图传递给人，与后世译者的所作所为并无差别。既然解释之神所做的也无非是翻译和理解，那伽达默尔把翻译和诠释做类比似乎也并无不妥："它（即诠释学）涉及的是最广义的一种通译工作和中介工作，但这种通译的作用并非仅限于技术语言的翻译，也并不限于对含糊不清的东西的阐明，而是表现一种包容一切的理解手段，它能在各方利益之间进行中介。[8]"

由此可见，"翻译"与"解释"之间有着不言自明的共生关系。翻译包含着主体对文本的理解行为，是"自我解释"；其最终目的是向不通源语的读者传达文本，是"向他人解释"。相应地，解释也就是翻译，因为就像《论翻译》2016版原序的作者马尔克·德·洛内[9]引用的那句施莱尔马赫的名言所说

---

[8] 伽达默尔，《真理与方法》第二卷，第92页。转引自洪汉鼎，《诠释学——它的历史和当代发展》，第5页。

[9] 马尔克·德·洛内（Marc de Launay, 1949—），法国哲学家、学者，任法国国家科学研究中心研究员、巴黎高等师范教授。

的那样,"阐释学建立在对言语的不理解之上"。在施莱尔马赫"普遍阐释学"的视域下,不理解成为人类理解行为中的常态,"即时理解"和"直觉理解"的幻梦已被驱散。而因为"不理解"的存在,我们哪怕是在用母语倾听他人时,也难以精准把握他的意图,导致一切话语都需要我们的再加工,即翻译成我们"自己的话"。一切翻译行为都是理解行为,一切理解行为也都是翻译行为,这或许就是乔治·斯坦纳在《巴别塔之后》首个章节中即以"理解,就是翻译"立论的原因。"一个人在接受另一个人的言语信息时,就会开始进行名副其实的翻译活动。[10]"翻译不再限于语际交流行为,也发生在同一个语言社群的内部,同时存在于共时性和历时性两个层面上。"总之,艺术和文学的存在,一个群体所感受到的历史事实,都有赖于一种永不止息的内部翻译行为,虽然人们通常意识不到它的存在。因为学会了如何跨越时间进行翻译,我们才拥有文明,这绝不是危言耸听。[11]"

---

[10] 乔治·斯坦纳,《巴别塔之后:语言与翻译面面观》,孟醒译,浙江大学出版社,2020,第51页。
[11] 同上书,第35页。

因此，作为阐释学家，晚年的利科对翻译萌发兴趣也再自然不过了。《论翻译》包含三篇文章，分别是他1997年在一次颁奖活动中的发言（《翻译的挑战与幸福》），1998年在巴黎新教神学院讲述的首堂课（《翻译的范式》）和一篇致让·格莱士的未发表论文（《一种"摆渡"：翻译不可译》），集中体现了他对于翻译的思考。事实上，利科现存的文字中关于翻译的论述虽远非系统，但对于翻译的关注应是由来可见，若有有心人细细探究说不定能有更多发现。利科不仅自身就是一位译者，同样也充分肯定翻译的普遍性与价值。高宣扬教授的《利科的反思诠释学》书前就有利科本人撰写的序言，颇能体现其翻译观："正是在这里（没有仲裁者的对话），存在着一种不可缺少的诠释境域（une situation herméneutique indépassable）；唯有在相异的哲学思想和文化之间的有效交流和直接相遇，才取代着那缺席的仲裁者。就是这种起初看起来令人担忧的状况，给予翻译工作一个卓越的地位。……我们很清楚地知道，翻译是一种诠释（la traduction est une interprétation），也就是说，是在另一种文本中重新创作同一文本（à savoir la récréation du même texte dans un autre texte）。"

翻译是一种诠释，而诠释必然需要广义上的翻译。这导致了在《论翻译》中，翻译不限于语间交际行为，同样也可能发生于语内甚至是语言与其他符号系统之间。此类泛化的翻译定义并不是什么新鲜事物，雅各布森在那篇著名的《论翻译中的语言学问题》里，就提到"一共存在三种对语言符号的阐释方法：用同种语言的其他符号翻译，用另一种语言翻译，或者是用非语言的符号系统来翻译"，即"重述"（语内翻译），"通常意义上的翻译"（语际翻译）和"转化"（语符翻译）[12]。《翻译的范式》里明确涉及的主要是前两种：建立在语言多元性和多样性基础上的语际翻译，利科举出的范例是安托瓦纳·贝尔曼在《异域的考验》一书中所采取的视角；另一个就是斯坦纳在《巴别塔之后》里遵循的在同一语言里"换种方式说同样的事"的语内翻译。只不过利科仍将大部分笔墨倾注在了前者之上，书中重点论述的也都是语际翻译的困难与所得。

---

[12] 转引自安托瓦纳·贝尔曼，《异域的考验：德国浪漫主义时期的文化与翻译》，章文译，生活·读书·新知三联书店，2021，第311页。

翻译的起点和对象

翻译的定义既已明确,那么翻译的对象又是什么?或者说,从一门语言到另一门语言,从一个历史场景到另一个历史场景,译者解释和传递的究竟是什么?这个问题看似简单,却是理论界长期争论的问题。仅就翻译学自身的变迁史来看,主流答案就经历了数次转向:最早以乔治·穆南(Georges Mounin)等为代表的语言学派以纯语言视角看待翻译,把翻译的对象等同于语言符号的含义(signification linguistique);释意学派(la théorie interprétative de la traduction)等看重交际理论的派别认为译者翻译的是"意义"(sens),即人们在听或读之后从文字中捕捉到的无语言形式的认知状态;贝尔曼和亨利·梅肖尼克(Henri Meschonnic)作为"异化翻译"的支持者,一认为是"文字"(la lettre),一认为是"节奏"(le rythme);功能理论认为从译出语到译入语环境中不变的只有"目的"(skopos),即作者想要施加在读者身上的交际意图(intentionnalité)。

直到现在,上述纷争仍未止息,且依笔者的拙见,也永无止息的可能,因为它们各自代表着翻译研究中不同的视角与观念。所幸此处只需从利科的视角提供一个答案。利科的学说根植于阐释学,自然也承袭了这一学科对语言现象的关注,因为语言和文字才是一切解释(包括翻译)的中介和起点。亚里士多德在《解释篇》中就写道:"言语是心灵过程的符号和表征,而文字则是言语的符号和表征,正如所有的人并不是具有同一的文字记号一样,所有的人也并不是具有相同的说话声音,但这些言语和文字所直接意指的心灵过程则对一切人都是一样的。[13]"不同族群语言有异,却同样拥有语言,语言的不同固然是阻碍,但洪堡所说的"语言的普遍性"却同样构成了互相理解和翻译的可能性。伽达默尔也牢记施莱尔马赫所说的"诠释学的一切前提无非就是语言",认为语言不是简单的工具,因为人们总是"早已被我们自己的语言包围","语言是使过去与现在得以中介的媒介,理解作为一种视域融合本质上是一种语言过程"[14]。而除去阐释学的遗产以外,利科的学说还深受弗洛伊德精神分析学的影响,自然也继承了弗氏以语言为分析

---

[13] 转引自洪汉鼎,《诠释学——它的历史和当代发展》,第9页。
[14] 同上书,第254—255页。

对象的方法论。在他看来，弗洛伊德的作品"无非是以语言而'固定化'的'意义'的表现"，"唯有集中地思索着'语言'这个联系着人类共同体的'中介物'，才能深入理解弗洛伊德关于梦、神话和象征的解释的深刻含义"[15]。

另外，在利科青年时期学术成长的过程中，结构主义语言学曾经盛极一时，这也为他的翻译论留下了不可磨灭的印记，所以利科在分析语言多样性导致的不可译时，还是从语音、词汇、句法等语言层级入手。但是，尽管利科的翻译观是从语言出发的，诚如马尔克·德·洛内在本书原序言中所说，利科采取的并不完全是索绪尔"语言活动"（langage）、"语言"（langue）和"言语"（parole）的三分法。他在书中数次向本维尼斯特致意，因为他认为翻译和理解所依凭的，实则是本维尼斯特主体性语言学中的"话语"（discours）。话语承载着说话人的指向性，它最小的单位是句子，而不是索绪尔所说的"词语"这一级别的语言符号。"词语"只能将能指和所指关联起来，而"句子却能以概括的方式将说话人、听话人、

---

[15] 高宣扬，《利科的反思诠释学》，第103—104页。

想要代指某件事物的讯息和指代物组织起来"[16]，是说话人与其他主体、与意义、与语言、与外部世界的关系的最细微的反映。利科在《利科的反思诠释学》序言中也同样强调了这一点："在我看来，讲话，就是向某人依据某件事说某件事（Parler, selon moi, c'est dire quelque chose sur quelque chose à quelqu'un）。[17]"只有话语，才可以被解释，才承载意义，才是翻译的对象。

具体到翻译实践中，译者围绕的更多的是比句子更大的话语单位，即"文本"（texte）。译者翻译的是文本，创造的也是文本，"句子是从较长的话语中摘取的短小话语，此处'较长的话语'指的是文本。译者很清楚这一点：我们的文本想要翻译的，是文本，而不是句子，也不是词语"[18]。与口头上的"言说"不同，文本是固定于纸上的话语。拉丁古谚有云："言语飞逝，而书写留存"（verba volant, scripta manent）。表面看来，文字比言语更能体现语言的潜能和张力，其固定化的形态也更便于我们

---

[16] 参见本书《一种"摆渡"：翻译不可译》一文。
[17] 高宣扬，《利科的反思诠释学》，第4页。
[18] 参见本书《一种"摆渡"：翻译不可译》一文。

琢磨理解。但实际上,口头交流往往意味着说话人和听话人处在同一个可指代的情景中,文字媒介却象征着作者和读者的双重缺席。作者不一定可以将本身意图完整、明确、忠实地翻译在书写里,而文本一经面世,必然有其开放性及自主性,有着独立于作者意图外的文本意图;而读者受历史文化背景、个人阅历等因素影响,所获得的解读又往往与作者、文本的意图有所出入。文本就如同一扇磨砂玻璃窗,两侧的作者、读者都只能"雾里观花",借着折射去窥测另一侧的真相,或也是利科所继承的胡塞尔的"主体间性"的一种表现。

利科承认主体间性,也承认完满的理解(如果可以定义何为"完满"的话)并不存在。像近代大多数的阐释学先驱一样,他认为人类只能对文本的意义进行无休止的探索,却终究无法窥见终极的真理,但他不认同主体间性会构成理解的绝对障碍。为了消除主客体间的绝对对立,他提出了"占有"(appropriation)概念,是德文词"aneigunung"的翻译。按照他的解释,"占有文本并不是把文本还原为读者的世界,而是读者把自己交付给文本。因此占有首先意味着剥夺,占有一个文本,首先就是占有者因进入文本世界而丧失自己的过程。……的确,占有与其说是自我拥有的活动,还不如说是自我丧失的活动,在占有中,直接自我的自我理解被有文本的世界所中介的自我反思所代替"[19]。在"占有"中,主体之间、主体与文本之间实现了某种意义上的融合,这也在某种意义上构成了理解的理论可能性。

可译 vs. 不可译

然而,即便理解在某种意义上是可能的,这也不一定可以推导出翻译中的可译性。很多翻译流派都认为,翻译过程可以分成理解和表述两个阶段。若是认可这一分段法的话,即便部分实现了理解,用另一语言重述意义时也可能会因语言隔阂受到阻碍,而"语言隔阂"永远都是翻译学中最基本也是最无可逾越的"不可译性"。诚然,利科从未在本书论述中将翻译做出如上分割,但他同样秉持一以贯之的语言学视角,从经验论的层面上说明了语言多样性所带来的不可译,也就是斯坦纳在《巴别塔之后》中所说的人类

---

[19] 洪汉鼎,《诠释学——它的历史和当代发展》,第303页。

语言之相异其实是"有害的浪费"。谈到这一点，利科并未做过多的理论化尝试，只是简单论及不同的语言体现了它们在语音、概念和句法上对外部世界不同的"切割方式"，所举例证为法语的"bois"一词有"木材"和"小树林"的双重含义，但这一概念却难以在其他语言中复刻；此外，语法层面上有些语言有时态，另一些语言却只能依靠"昨天""今天"等副词来表示时间。切割方式的不同，就意味着对世界的认知和呈现无法一一对应，所以"不可译性"的确曾在。但利科同时也反对将"不可译性"绝对化，因为若是我们过于相信萨丕尔‐沃尔夫假设，认可"一种语言就对应着一种世界观"，那么"就有结论：误解是正当的，翻译在理论上是不可能的，双语者必然是精神分裂患者"[20]。

事实上，在利科看来，即便在我们所处的"后巴别塔"时代，即便在耶和华的旨意下，人类被"分散在全地面上"，"耶和华混乱了全地的口舌"，我们也不应就此悲观绝望，否定翻译的可行性，因为上帝似乎从来没有在主观意愿上试图诅咒人类，以"语言的

---

[20] 参见本书《翻译的范式》一文。

多元性"杜绝不同族群间交流的可能。长期以来，通行的解读观点均将巴别塔的倒塌视为上帝的惩戒，认为是自负的人类妄图与神比肩，神才出于愤怒或嫉妒毁掉了这座通天的高塔，人类的历史也自此由和谐统一进入了冲突多元。利科同样将巴别塔神话视为人类早期所经"分离"和"变乱"的一部分，将之类比于人类被逐出伊甸园和该隐杀亚伯，隐喻了人类渐渐远离原初的和谐状态。但他却提出，无法从巴别塔神话中读出上帝的任何负面情绪。他引用的是以忠实著称的安德烈·舒拉基（André Chouraqui）的《圣经》译本："耶和华把他们分散在全地面上。他们停止建城。做完之后他叫出了城的名字：Bavel，混乱，因为在那里耶和华混乱了全地的口舌，在那里耶和华把他们分散在全地面上。"利科的结论是："大家听到了，没有非难，没有抱怨，没有指控：'耶和华把他们分散在全地面上。他们停止建城。'他们停止建造！相当于换种方式说，'就是这样'。喏，喏，就是这样，像本雅明爱说的那样。从这个生活的现实出发，我们翻译吧！[21]"

---

[21] 参见本书《翻译的范式》一文。

所以，无论从语言还是宗教的角度来看，不可译性都是可被质疑的。即便语言间有这么多的复杂和混乱，翻译却仍然存在，双语者或多语者也不是精神分裂患者；尽管巴别塔代表了完美语言在尘世间的消失，但上帝并未关上所有的窗，正如本雅明的《译者的任务》里，虽然语言"弥赛亚的终点"不知何时才能到来，但本雅明还是提到了与日常意义有所区别的另一种"可译性"（Übersetzbarkeit）[22]，因为任何尘世语言及它的伟大作品里都藏有"纯语言"的碎片，哪怕它与绝对的意义只是一触即离，但仍然与神的语言有所呼应。该隐杀死兄弟，让兄弟相爱变成了伦理目标；巴别塔之事变乱语言，让唾手可得的意义变成语言间的互译。但是，哪怕如斯坦纳所言，时常"向着谜题、诡计、神秘、秘密"前行的语言在与自我的关系中隐匿了"不可译性"和"非交流性"，上述伦理目标和翻译目标就一定无可实现吗？利科的答案是否定的。"是的，必须要承认：从一门语言到另一门

---

[22] 在惯常语境中，我们所说的"可译性"通常带有"互译性"色彩，即特定文本是否可译入另一个语言，而本雅明此处所说的"可译性"显然是指任何语言都带有"纯语言"的种子，与日常意义有所区别。

语言，形势恰是分散与混乱。但是，翻译却正是植根于'尽管如此'的陈词滥调。尽管有兄弟相残，我们却为'四海之内皆兄弟'而奋斗。尽管有民族语言的异质性，仍有双语者、多语者、口译员和笔译员。[23]"语言的"好客性"再次展示了博爱（fraternité），在"自我"中为"他者"提供了栖居之所。

忠实 vs. 自由及第三个文本的缺席

不过，利科虽然动摇了"不可译性"的根基，但他同样无法证实"可译性"。按《翻译的范式》中的说法，"翻译在客观上存在"这一事实就证明"翻译是可能的"。但是，要证明翻译可能逾越语言间的差异，就要证明个体语言的纷繁复杂只不过是表象，它们身上一定有着普遍且超验的结构，这些结构可以证实语言的同一性，即人类语言是同源异路或殊途同归的。

前一个论调得到了诸多宗教教派、神秘主义哲学的阐扬，代表人物就有本雅明。《译者的任务》里

---

[23] 参见本书《翻译的范式》一文。

著名的破碎的"花瓶"或"陶瓮"的意象饱含对消逝的"源语言"或"纯语言"的缅怀之情,"译者的任务"也就变成了尽可能地拼接"纯语言"散落在全地面上的碎片。"翻译也一样,与其模拟原文意义,不如满怀爱意,把原文的意向瞄准方式纤毫不爽地并入自己的语言,就这样使原文和译文像同一个陶瓮的两块碎片那样,成为一种更大的语言的残片。[24]"18世纪末至19世纪初,比较语言学领域对梵文的发现和对"原始印欧语"的假设为人类语言的"同源异路说"[25]注入了一针强心剂,却始终难以推定印欧语系以外的语言的"源语言",似乎也呼应了本雅明的话,即拼起来的残片始终也不过是更大的残片,不可能变成"花瓶"或"陶瓮"本身。换言之,尘世的译者即便肩负起他的任务,也只能无限趋近"纯语言",但终难将之寻回:"在翻译中,这个任务意味着催熟一种纯语言的种子,却似乎永无完成之日。[26]"

---

[24] 参见本书《译者的任务》一文。
[25] "同源异路说"的称谓为笔者自加,只为与"殊途同归说"对应,意指西方学界曾广泛流传的"现代所有语言都有共同的祖先"的说法,孙凯老师在《译者的任务》的导读中称之为"太初有道说",实更为精当。
[26] 同前注。

"同源异路说"拥趸者众,"殊途同归说"也不遑多让,只是与人类找不到"前巴别塔"时代的语言一样,同样也难在"后巴别塔"时代创立一门普遍语言。利科在这一派的先驱中提到了培根和莱布尼茨,甚至还有当代的乔姆斯基。培根很早就反对语言的工具论,指出了语言的本体性:语言既然不能与思想完全一致,那就一定承载有思想之外的自我表达。培根于是将语言区分为"日常语言"和"形式语言",认为"自然语言"或"日常语言"不过是更高级的"形式语言"的幻象[27]。莱布尼茨更近一步,直接创设了一门普遍语言即"通用表意文字"(caractéristique universelle)。作为数学家和科学家,他认为将思想数学化可以解决类似哲学界"亚里士多德派"和"柏拉图派"的争端,所以提出要制定一份普遍性的词汇表,把重要的科学、数学和形而上学概念都表述出来。乔姆斯基则从"生成转换语法"的学术角度出发,希望可以解释人类为何可以用有限的词汇和特定的规则生成无限多的句子。但在利科看来,他们的尝试无疑都失败了,因为

---

[27] 伍先禄,《培根的语言观及其影响》,《外语学刊》2009年第4期,第23—24页。

历史性的人无法全面地描述世界，所以也不能创设全面描述世界的普遍性语言，而且因为普遍性的语言是超验的，从未有人对它有过经验，所以我们也不知道该如何改造自然语言，才能试图贴近它。

既然完美语言（"纯语言"或"普遍语言"不过只是它的不同叫法）恰如陶渊明诗中不可期冀的"帝乡"，那绝对的可译性就如同无根之木，完美的翻译也不可能存在。对这一事实的承认是一切翻译工作的起点。利科因此在《翻译的挑战与幸福》中把翻译等同为弗洛伊德笔下的"哀悼工作"和"回忆工作"。弗洛伊德认为丧失所爱之物会导致抑郁，所爱之物可能是人，也可能是抽象的事物——所以《译者的任务》便是失去"纯语言"的本雅明的抑郁之作？——想要克服抑郁，就需要"哀悼"。此处的"哀悼"是一种对现实的承认，在翻译中就表现为对"完美翻译"的缺席的承认。"哀悼"的下一步是"回忆"，利科对"回忆"的叙述重点则在于克服"抵抗"或"阻抗"。只不过弗洛伊德所说的"抵抗"更多来自自我意识的"压抑"，而翻译的抵抗来自"自我"对"他者"的抗拒和语言重述的困难。尽管已知翻译工作不可能完美且动辄得咎，尽管耳边充斥着"翻译不过是对原作的拙劣模仿"的粗烂论调，译者还是怀着丧失"完美翻译"的悲痛，顶着"对异域的考验的阴险狡诈的抗拒"[28]，开始了他的"回忆"，这便是翻译的伟大之处。

而在我们看来，选择"哀悼"与"回忆"的不仅是译者，还有利科本人。在承认了"不可译"与"可译"的理论论争必然进入死胡同之后，利科抛出了替代之选，邀请我们进入"忠诚 vs. 自由"的务实二选一。总之，翻译是存在的，无论它在理论上可不可能，它都必然是可行的，那又何必任由自己深陷"可译 vs. 不可译"的泥淖？利科的初衷是好的，但这也不过是将翻译引入了另一个永恒撕扯的二元论。从施莱尔马赫"把读者移动到作者的所在"及"让作者移动到读者的面前"，到罗森茨威格"服侍两个主人"，再到"直译"-"意译"、"归化"-"异化"、"译出派"（sourcier）-"译入派"（cibliste），翻译似乎就是在两极之间摇摆，终归要从作者-原文/源语言/源文化和读者/译入语/目的文化间选择一方，却不知哪一方才代表着真理。毕竟翻译学发展到今天，已经为任一选

---

[28] 参见本书《翻译的挑战与幸福》一文。

择提供了充足的论据：选择作者-原文，就是接受了"异的考验"，借用他者的力量来丰富自我，激活自我身上仍在沉睡的潜能，在后殖民时代也可以解读为对文化多样性的尊重；而选择读者，既是促进沟通的必然之选，也是译者作为社会性主体的职业责任。

利科将这一"两难之境"归咎于"第三个文本"的不在场：如相见无期的"纯语言"破坏了绝对的可译性，缺席的"第三个文本"则扰乱了"忠诚 vs. 自由"的价值判断。这一灵感来自柏拉图《巴门尼德篇》中人的理型和个体的苏格拉底之间并不存在有所谓的"第三个人"，而原文和译文之间也并不存在承载有不变且同一的意义的第三个文本。既然第三个文本是缺席的，那就没有一个中介性的绝对标准来判断这个翻译不是"好"的，品评翻译的人只能先将原文在纸上或心中译成自己的版本，再据此判断。绝对标准的缺席也导致了重译的轮回：因为没有"第三个文本"，所以要论证一个翻译"好"还是"不好"，就只能再抛出另一个"译本"。翻译因此在"忠实 vs. 自由"的两极之间不断徘徊，希冀着贝尔曼所说的"契机"（kairos）的出现，期待着"完美译本"的诞生。

翻译的终极或幸福？

文至此处，想必我们都能看出，利科并未试图跳出翻译中惯有的二元论，他甚至也没有试图为这些二元论寻找一个终极的答案，即像他在书中所深切缅怀的贝尔曼一样在两极中择取"唯一正确"的一极。他所选择的道路，是于深切哀悼中寻找希望的火种，是在完美翻译的缺失中悦纳世俗的翻译，是带着对"我"与"异"之间的不可逾越的隔阂的清醒认知选择一个折中之道。"语言的绝对性既已灭失，当翻译的幸福可以接受同一与对等间的差距时，可以接受非同一的对等时，它就变成了获得，也就是它的幸福所在。译者承认并接纳'我'与'异'这一对概念间的不可互约性，他认识到翻译行为的对话性有着无可超越的地位并以此为翻译欲望的理性视野，然后他就会在其中找到补偿。虽然不可知论让译者的任务沦为悲剧，但他还是可以从我所说的'语言的好客性'中寻到幸福。[29]"

就像其"综合解释学"中的"占有"着意融合

---

[29] 参见本书《翻译的挑战与幸福》一文。

主体与客体一样,"论翻译"的利科提出了"无同一性的对等"(équivalence sans identité),试图在翻译的两极间建立桥梁。"无同一性"的说法颇为好解:只有漂浮于两个文本之间的同一意义和承载同一意义的"第三个文本"才能判定对等,但"同一意义"不可捉摸,"第三个文本"永恒缺席,所以"同一性"也不过是镜花水月,只能退而求其次寻找"对等"。而"对等"则是翻译学的中心概念之一,代表了该学科自创立以来就永远无法逃离的折中主义宿命。包括玛丽·斯奈尔-霍恩比(Mary Snell-Hornby)、埃德温·根茨勒(Edwin Gentzler)在内的诸多学者都认为"对等"这一概念过于模糊,应当号召在翻译学界内部停止对它进行讨论,毕竟如苏珊·巴斯奈特(Susan Basnett)所说,"对等"的意涵过于多元:词汇层面的对应可以叫"对等",语意层面的一致可以叫"对等",功能上的等效也可以称为"对等"。但"对等"却始终没有退出理论舞台,因为原文与译文之间永无同一,只有"对等"一词才能相差仿佛地形容两个文本之间的关系[30]。

---

[30] 参见 Matthieu Guidère, *Introduction à la traductologie*, Bruxelles: De Boeck, 2010, p. 81。

在某些翻译学派的理论框架里,"对等"(équivalence)和"对应"(correspondance)是两个不同的概念。如释意派创始人勒代雷在《释意派口笔译理论》(*La traduction aujourd'hui: le modèle interprétatif*)的"意义对等和词语对应"一章中说,"词语对应建立于语言间,即字词、音义段、固定的语法或表达的形式间";意义的对等"建立于篇章间",同时意味着"内容对等""形式对等""功能对等""篇章对等""交际对等""语用对等""等效"等[31]。但这两个概念在利科处应无分别,因为他在重复"无同一性的对等"(équivalence sans identité)以外,也曾于一处提及"无同一性的对应"(correspondance sans identité)。

至于可如何创造"对等",利科借用了法国汉学家弗朗索瓦·于连在《论时间》一书中的一则尝试,那就是"建造可比物"(construction du comparable)。于连其人的治学路径是借由中国哲学反观西方,在法国也颇受争议。《论时间》中,他提出中文里没有时

---

[31] 玛丽雅娜·勒代雷,《释意学派口笔译理论》,刘和平译,中国对外翻译出版有限公司,2011,第26页、第35页。

态,所以没有同法文一致的时间概念,但是有"四季""时机""根与叶""源与流"等替代词,这些替代词就是法文"时间"(temps)在中文里的"可比物"。且不论于连高论是否正确,这一尝试终究是揭示了翻译可叹与可敬的两面:一面是,"四季"等具象词语终不能与"时间"这一人类世界的维度相互对应,建造的"可比物"终究是相差仿佛的"对等",可见"无同一性的对等"这一折中方案也绝非易行,"只能被寻找,被打磨,被预设";另一面是,即便于连将中国视为古希腊的绝对他者,即便两方之间似无血脉亲缘可言,"对等"不还是找到了吗?"翻译的伟大,翻译的风险:对原作的创造性反叛,译入语同样具有创造性的占有;建造可比物。[32]"

"那么,他们是怎么做的?"

坦白来说,利科此书更多聚焦于翻译内生的辩证法,于方法论基本无涉。但翻译本是"实践学"(praxis),利科自也未能免俗,终归是发表了几句关

---

[32] 参见本书《一种"摆渡":翻译不可译》一文。

于"如何译"的看法。"如何译"已是翻译学界的老生常谈,说来说去也无非是"形"与"神"、"文字"与"意义"之争,不过是在"可译 vs. 不可译""忠实 vs. 自由"之外加上了另一个二元论而已。近些年来,原本以"指导译者工作"为目的的翻译学似乎也意识到了围绕这些二元论进行的话题永无终结的希望,试图向科学转向,教导人"神似"或"形似"的"处方式理论"(théories prescriptives)不再盛行,取而代之的是"描述性研究"(études descriptives),以及与文化专向密切相关的"文化研究""后殖民研究""女性主义研究""生态研究"等。

利科倒是并未追赶这个潮流。整本书中,他对贝尔曼的缅怀和敬佩自不待言,《翻译的挑战与幸福》中更有"我接下来要发表的评论都围绕着翻译中那些巨大的困难及微小的幸福。事实上,我愿将之置于'异域的考验'的书题的护佑之下"之语。虽然他并未继承贝尔曼对翻译的激进主张,反对意义上的对等,但他还是在《一种"摆渡":翻译不可译》的最后回归了贝氏的"文字翻译"(la traduction de la lettre)。长期以来,翻译被认为是对"意义"的"摆渡",而贝尔曼却在《翻译与文字或远方的客栈》(*La traduction et la lettre ou l'auberge du lointain*）一书中提出了好的翻译应当不是"柏拉图式的"。此处的去"柏拉图化"可做"灵肉分割论"解，正如人的心灵和肉体无法分割，文本的"意义"和"文字"也不可分离而论，所以与其翻译只可被"预设"的意义，不如复现文字。

利科显见支持贝尔曼的"文字翻译"，他为后者叫屈，认为"字面翻译"不是"字对字的翻译"，不应是让译者避之唯恐不及的翻译方式。"以荷尔德林、保罗·策兰，以及《圣经》领域的梅肖尼克为模范的出色译者们，却对独立的意义提出了挑战，抗议剥离文字的意义、反对文字的意义。他们从意义对等的舒适庇护所中走出，在字词、韵律和韵脚间的音韵、味道、节奏、空白、安静等危险地带以身犯险。绝大多数译者可能是对此颇为抵拒的，或许是出于一种溃逃的心态，却没有意识到仅翻译意义，就意味着否认现代符号学的所得，否认意义与声音、能指与所指间的统一性。[33]"他在此号召译者们走出"意义"这一舒适区，向着"文字"这一暂时的载体和永恒的形式（forme）

---

[33] 参见本书《一种"摆渡"：翻译不可译》一文。

发起挑战，正如本雅明所希望的那样，"翻译是一种形式。为了将它原样生擒，则需回到原文。的确，在'可译性'的辖区内，形之法则莫不寓于原文"[34]。

但是，这一挑战究竟会是皆大欢喜，还是悲剧收场？本雅明蹩脚的波德莱尔译本和贝尔曼那些充满着他本人所鄙弃的"变形倾向"的译作似乎让我们有着不好的预感。"纸上得来终觉浅，绝知此事要躬行"，翻译之为理论和实践的伟大与崇高、成功与失败、所失与所得，似有着躲不开的二元论宿命，已不是我们所能解答的。

我们所唯一确认的，就是人类需要翻译，翻译对自我和他者的建构作用永无止息，也永远不可替代，利科显然也同意这一点。他反复将翻译称为考验，在差异性增大时，考验的难度也随之提升："在这方面，由这些欧洲语言向中国语言和其他远东语言的过渡，真正地有资格被称为'考验'。"他不仅关怀普遍的翻译问题，也想过自己提出的概念在包括中文的其他语言里是否拥有普遍的有效性："但是，这种意欲

---

[34] 参见本书《译者的任务》一文。

达到普遍性的雄心，是否并不单纯只是一种愿望而已？[35]"笔者作为阐释学的门外汉，实在不敢回答，所能做的也只是勉强说一句，利科所提到的各种翻译二元论，自道安的"论五失三不易"，到傅雷的"形似神似"，均在中国有着或远或近的回响。

在导读的最后，笔者想回到自己的翻译工作上来。本书篇幅不长，翻译难度却不小，且个人所知终归有限，难免出现错漏，敬请各位读者指正。事实上，《论翻译》中译本面世的过程颇有一番曲折，孙凯老师本已有了一个未出版的译本，后来又因种种原因交我重译，过程中幸蒙孙老师慷慨拿出原译供我参详学习，我从其译本中借鉴颇多，孙老师更是不辞劳苦，于文字上对我多有指点，感激之至。责编吴思博女士为本书的出版反复协调沟通，在此感谢她的辛劳。更要谢谢北京大学法国文化研究中心及负责人段映虹老师。

衷心希望览书之人能读有所获。

章文
2021年1月于北京

---

[35] 高宣扬，《利科的反思诠释学》，第1页。

序　言

马尔克·德·洛内

我们下面要读的三篇文章，其诞生场景皆与广义上的翻译活动或翻译职业直接相关。第一篇是在一个翻译奖项颁奖礼上的演讲；第二篇是利科在新教神学院教授的首堂课，而对文本的解读堪称这一教派的灵魂；第三篇是对让·格莱士的致敬，他是海德格尔的译者，一向关注同阐释有关的问题。利科本人对翻译的具体任务也并不陌生，他是胡塞尔《现象学通论》[1]的法文本译者，且这项翻译工作开始时的情况还有那么点戏剧化："二战"期间，利科身陷战俘营，是用铅笔在原书页边上开始的翻译。书是战俘营的军

---

[1] 法译本全名应为 *Idées directrices pour une phénoménologie et une philosophie phénoménologique*，意即《现象学与现象学哲学的观念》。——译注

官偷偷藏在大衣下递给他的,这位军官隶属德国国防军,却并不惮于给一个战俘提供一本当时已被禁止流通的书。

在利科的文字里,我们很快会注意到两个被反复提及的主题:首先便是语言的多样性。斯坦纳[2]于此种多样性中见"有害的浪费",利科援引他的观点,列举了语言多样性的诸般后果,指出其或许会断绝翻译的可能性。此言不虚,我们常会感觉到,这种"不计其数的多样性不只无用,甚至有害",只会为翻译实践设置障碍。但是,虽则这些堆砌起来的不可能性让原作远离了翻译,让翻译沦为十分贫瘠的尝试,使得即便翻译最终完成,所能企望的也无非是从根源上就十分困苦的境地,利科还是随之对这种说法进行了颠覆。翻译的正当性已被认可,利科也对之予以充分肯定,借用的论据就是"建造可比物"的尝试。他为这一尝试寻了个绝好的名字,即"无同一性的对等",

---

[2] 即乔治·斯坦纳(1929—2020),法美双重国籍的比较文学学者、翻译理论家。他的父母为奥地利犹太人,出生于巴黎,后赴美求学、任教,精通英文、法文、德文三种语言,主要作品有《巴别塔之后:翻译与语言面面观》(*After Babel: Aspects of Language and Translation*)。——译注

也就是"预设的、非建立于可展现的意义的同一性之上的对等"——这种"语言的好客性"也需要多重前提条件，既同互动中的语言系统间的差异相关，也与更难克服的、各自文化史间的相异性有联系。

然而，还有一点颇让人惊讶：利科在讨论"可比物"或"对等"的问题时，并未触碰于其间掩藏的阐释学[3]问题。事实上，阐释学虽无法从概念层面演示是什么让比较成为可能，却至少能提供一种解读，告诉人们究竟以何为凭，才能证实"对等"是切实存在的，毕竟对等无非只是象征语体层面上的相近，因为并不存在一个原作和译作皆可参照的第三方文本，或者说是一份超验的"标准答案"。此处的利科于阐释学上保持了沉默，但该学科却贯穿其写作始终，让我们觉得应该补充些什么，以帮助读者更好地理解书中文字的哲学基底。

此处要补充阅读的也是三篇文章，按时间顺序依次如下：《关于语言的思考对〈圣经〉神学的补益》（*Contribution d'une réflexion sur le langage à une théologie*

---

[3] "Herméneutique"亦称"解释学"或"诠释学"，因翻译学理论文本中常用"阐释学"译法，故将之译为"阐释学"。——译注

de la parole）（1968）[4]、《什么是文本？》（Qu'est-ce qu'un texte？）[5]、《神启概念的阐释》（Herméneutique de l'idée de Révélation）。三者如星宿一般，拱卫着原作、理解、解读及意义之"源"等主题。

无论其作者是一个还是数个，具名或匿名，写作时是才思泉涌还是拖延许久，文本都是与口头交流极不同的语言产物——无论口头上的交流有多么精准——因为它在调用语言资源时幅度更大，展现的潜力更强，尤其是它在特定的语言空间内，于其他的文本间，自我罗织进了它可对之加以不同程度的调用的互文性网络。这样说来，它便由双重的维度筑就，一面是语言编码，一面是文化类型，二者皆是文本所处的整体性框架，且人们也无法将这二者真正地区别开来。此外，居于双重维度中的文本也处于历史的某个时刻，它的存在本身就在其中扮演了"事件"的角色。"书写所固定下来的，自然是一段人们本可以说

---

[4] *Revue de théologie et de philosophie*, vol. XVIII, n° 5/5, 1968, pp.333-345. 本文后收录于 *Exégèse et herméneutique*, Paris, le Seuil, 1971。

[5] 初发表于 R. Bubner et alli, *Hermeneutik und Dialektik*, Tübingen, Mohr, 1970, pp.181-200, 后重刊于 *Du texte à l'action. Essais d'herméneutique*, II, Paris, Le Seuil, 1986, pp.137-159。

出的话语，但更准确地说，应是人们写出的话语，因为它并没有被说出……我们可以思考，一则文本可能不是真正的文本，但不是当其不局限于誊写某个前置的言语时，而是在它直接将话语欲言之意嵌入文字中时。[6]"我们可以注意到，这种对从"话语"到文本的过渡的理解方式，并不仅仅是描述性的，而是悄然引入了某种"欲言"与书写间的二元性，而在某种意义上，书写就是通过铭刻某种意图将之记录下来的。故此，相较"文本的撰写很可能不止于对某种意图的简单记录"这样一个事实，利科对另一个事实更为敏感，即书籍同时掩藏着一个"于阅读中缺席"的作者和一个"于书写时缺席"的读者。他因着这一点将"以书写取代言语的书写之超越"视为"文本的出生证明"[7]。"欲言"与文本固化间的关系既不是透明的，也不是什么搬移的过程：必要时，对意图的记述可能在口头上完成，表达同一个意思即可，而书写则是较之远为复杂的行为。事实上，同着作者的意图，书写行为还享有某种程度上的自主性：若是仿效海德格尔

---

[6] *Du texte à l'action. Essais d'herméneutique*, II, *op.cit.*, p.138.
[7] Ibid., p.139.

的口径,这并不是因为书写行为本身会书写,也不是由于拉康一系术语所说的"这会书写";而是文本撰写过程中发生的事情远比"意图-记述关系"所暗示的更为复杂。

在作者试图写录下一系列意图的同时,他也发掘着自我语言的某项资源,尝试着与某个词上的传统概念拉开距离,在某种论证上施以反讽,或者是同某种期待决裂;简言之,随着其过程的推进,写作行为会诱发文本的另一重面向:无须任何论证,这重面向自然是"意义"的一部分。它虽仍要感激作者,因为正是后者凭着对写作艺术的掌控(掌控当然也是有局限的,但不要以此为借口,想象着在写作之前,就存在着某种具备压倒性优势的无意识或预设的文本逻辑的存在:所有的作者,在任何时间,都无法控制文本的多义性,更遑论掌控整个语言体系,更无法把握他本人就身处其中的整个叙述传统)创造了它,但它却只是间接地从属于作者的意图。我们越是强调这种无可避免地在写作实践中留下印记的有限性,文本身上对立的两面就越是明显:一面是其独特性所引发的成功的力度,一面是某种文本惰性,让对文本的解读既不像结构分析,也不像总是值得商榷的对原作者心理状态的重现。前者一直忽略了文本是对此前存在的某种叙述场景的革新过程,即其是有其历史性的;后者则有略过另一个事实的风险,那就是人们为了理解文本,通常用不着去搜求某些著者生平,也因此错过了由文本展开的形式上的叙述游戏,正如人们偶尔也会过于关注孤立事件而忽略整体上的同一性。

索绪尔语言学中对"语言"及"言语"的区分虽然有效,在这种情形下却不免显得宽泛:诚然,相对一门语言来说,一篇文本永远是一个借用其资源以展开创新的言语行动;对语言的理解使得在文本"系统"中重塑起某种阐释成为可能,这同时也是对言语独特性的追寻;但这只不过是阐释和理解中的一个侧面,因为即便是此类"重塑"也很快会要求我们将文本所处的历史背景纳入考量范畴,我们甚至会因此质疑起我们自身的阅读行为所处的历史背景。所以,若是想要"比作者本人更好地理解他"[8],可能就过于野

---

[8] 施莱尔马赫在 1809—1810 年《诠释学手稿》(*Herméneutique générale de 1809—1810*) 第 44 篇中提到了这一点,狄尔泰也重申过这一观点:"当其处于高潮中时,完满的理解就意味着比制造话语的人本身更好地理解他自己。"[引自 F. Schleiermacher, *Herméneutique*, Paris, le Cerf, 1987 (Ch. Berner 编译), p.108。] 我们也都知道,康德在讨论柏拉图时也发表过同样观点,参见 *Critique de la Raison pure*, B370/A314。

心勃勃了,毕竟很难找到一个可靠的标准并据此展开比照。不过,可以肯定的是,这所有的阐释行为——自然也包括翻译——都曾经历过的起始情形,同样也是施莱尔马赫阐释学中所说的原初情境:"阐释学建立在对言语的不理解之上。[9]"此种"不理解"理应受到严肃对待:一切认为可以实现即时理解的幻想都应当被摒弃,同时也要避免任何的"预置理解",因为它可能会让我们立时滑入某种阐释怪圈,而这恰会加剧翻译的不可能性。我们翻译,正是因为我们不理解某个文本;我们致力于这一工作,正是为了理解文本;我们深知翻译源自阐释,而阐释无论如何强大,也终归无法达到确定的形态(所以翻译永远无法比"原作者更好地"重述原文)。这样说来,除去欲言,还应加上"欲表",这个概念倒是能从另一角度回应利科所说的文本的自主性;因为自主性与其说是让文本超越作者和读者的东西,还不如说是让文本在其所处的、灿若繁星的文本系统中得以凸显其独特性的东西。而独特性并不会将文本与作者/读者割裂开来,因为它的存在意味着作品既是创作的艺术,也是

---

[9] *Herméneutique*, p.73.

解读的艺术（更是阅读的艺术，即阅读虽不见得可以匹敌作者的写作艺术，但至少意味着有能力对文本加以理解）。"欲表"只有在写作时才能得以显现：它无法简化成某种文本生成前的预先设置，诸如不能被当成于某种"文学"或文化底色上勾画出的"欲言"；也不能简化成传统意义上借助文体学规则或方法所进行的修辞实践。它只是最能展示文本的历史独特性的层面。

下述例证可以展现"欲言"的局限性，并证明对于翻译来说，如果它想要对作为独特文本的原著进行重构，须得关注"欲表"。《创世记》第一章7—8节中，上帝于第二日创造了天空，但是同第一日和第三、四、五日不同的是，"ki tov"（"这是好的"）这句话未在希伯来原文中出现；不过，七十子（la Septante）希腊文本《圣经》*的译者们还是把它加回《创世记》第一章的第8节中。或许他们是重构了誊写于文本中的"欲言"，据此"重现"了书写前就已

---

* 七十子希腊文本《圣经》是希伯来《圣经》最早的希腊文译本，译于公元前2世纪。其中的《摩西五经》由72位犹太学者应埃及法老之请于亚历山大城翻译，后统称全译本为"七十子本"。——编注

存在的意图。确实如此，对这一语句的省略似乎是个例外，因为这句话便是神的赐福，是对创世时的每一日的认可。此外，希腊人将天空等同于宇宙（而在希腊文化的视域中，宇宙是一则完满的范例），浸润在这一氛围中的译者们便会自然而然地认为，"天"也只能用"好"来修饰了。但是，就文字的层面来说，希伯来原文却无法容许类似的改动。若说想要从希腊人的视角入手，重建一个"欲言"，再以此为据发现那些不正常的地方或疏漏之处，就必要注意到表达的形式，认识到还有一个表达的步骤，而表达既超越了单纯的语义层面，也并未动用严格意义上的符号资源。另外，在"欲言"或结构性的吻合的层面之上，还有更高级别的一致性，对文本的解读所能获得的便是这种一致性，而只有以此为凭，忠实于文字的翻译才不会是盲目的。事实上，如果只观察到天空和人类是唯二两种未被神判别为"好"的存在（即便在第六日创世结束之后，文中曾声明所有的一切都"很好"），就匆忙得出一个自以为正确的解读，恐怕也是不对的。此处应引入一重特有的表达上的意图：表达的形式有助于对阅读加以预设，而表达的意图能够从阅读的角度赋予文本独特性。我们可以据此想见，文本会以某种方式被阅读，屡次出现的对某个词句的省略可能会成为阐释的对象。如果说天空的地位在某种程度上被贬抑了，是因为它无法为地上的秩序提供类似的范例，也不应被当成任何形式的被崇拜的对象：在地面上，居于统治地位的应当是法令，而非自然法则（参见《申命记》第四章第19节）。《创世记》第一章中的文字展示的是被创造和被做出的一切，所遵循的次序是从固定的和无法移动的事物（天、地、水、植物），到可移动但运行或行动可被预测的事物（星辰、动物），最后到可移动又无法预知的事物（不遵从本能的人类），一旦理解了这一顺序，就能明白"这是好的"这一语句为何未被用来终结对人类的创造，因为人可以从为他规定的正道、道德上偏移[10]。

因此，欲言既不是欲表的预演，也不是要在某种意义上将欲表融入字词的先期动因：或者应当反过来表述，因为在文本的书写阶段，是欲表改变了欲言，甚至可以说，人们对欲言的阐释，正是建立在欲表的基础之上。利科似乎是认识到了这一点，他曾试图说

---

[10] 参见 U. Cassuto, A Commentary on the Book of Genesis, Jérusalem, 1964; L. Strauss, *Sur l'interprétation de la Genèse* (1957), in *L'Homme*, vol. 21, n° 1, Paris, 1981。

明"在作为针对文本的行为的主观阐释行动的内部,存在着一种客观的阐释行动,即文本行为本身"[11]。他选用的例子同样出自《创世记》第一章,对其中以"上帝造……"等表述为标识的"动作叙述"和用"上帝说……就有……"来表达的"言语叙述"进行了区分。我们甚至还感觉到,利科已经考虑到了刚刚所说的"欲表"。不过,两种"叙述"间的区分只有一个依凭,那就是文本的"文字",而判断"文字"究竟是何意,就已是颇为武断的决定了。而且,从词义上看,这种分类还忽略了另一种区别,那就是希伯来语中"bara"和"lahassot"两个动词间的不同,即"创造"和"做"。前者的使用情形较为特殊(只用于描述天、地、海洋动物及鸟类);而除了既不是被"创造",也不是被"做"的光之外,其他一切用的都是"做";另有一个很明显的例外,即男人和女人既是被创造(第26节),也是被做的(bara一词在第27节中出现了三次)。另一方面,要是更严苛地忠于文字,还需考虑到另一区别:整体而言,创世在某种意义上源于上帝的十句言语;但是,当且仅当他

---

[11] *Du texte à l'action. Essais d'herméneutique*, II, *op. cit.*, p. 156.

创造人时,他的言语才是说给自己的,且待其创造出男人和女人后,他才第一次同别人说话。这些语句在过去、现在和将来都会导致阐释上的疑问,也是再自然不过的事情;因为先是在犹太人,后来又在基督徒的眼中,"上帝的形象"所引发的一系列问题严重遮蔽了文本内的文字,想要解读文本,却不再次落入此前某个阐释传统的窠臼,是极度困难的。"回归文字"这一想法本身就可能令人震惊,人们甚至会下意识地回避(但即便是回归文字,像利科那样在未通篇考量《创世记》第一章的情况下就试图理解哪怕是像1—2节或4节开头那么短小的文字,也是颇让人疑虑的[12])。

在讨论对文本结构进行的分析时,利科恰切地指出此类分析旨在"解释"文本内的关系及诸多可客观化的联结,文本也因此被简化为一个逻辑框架:"叙述的意义在于对要素的组织;意义蕴含在将次等单位融为一个整体的能力中;反过来看,单一要素的意义就是它能够与其他要素及文本整体发生关系的能力;以上所有论断决定了文本的封闭性……对这一方法的

---

[12] 参见 *Exégèse et herméneutique*, Paris, Le Seuil, 1971, pp.67-98。

运用最终会导致文本的'去年代化'。[13]"然而，翻译代表着另一种态度，因为"作为书写的文本等待且呼唤被阅读；假如阅读是可能的，这是因为文本并不是自我锁闭的"[14]。

所以，翻译同样是历史性的行为，而这不单单是因为它以已存在的原作为起点。同所有的写作事件一样，每个翻译都是独特的，但它所创造的经验却呼唤着被重复。在某种意义上，两千年来，我们的文化空间是由一系列的重译所定义的，这些重译并非是武断决定或随意为之的结果。无可否认的是，从翻译的视角来看，我们可以于这一空间中观察出某种历史的趋向：先是单一的希腊语为王，接下来凭借着公元前一世纪时对希腊思想家进行的拉丁语译介，经历了第一次语言的扩大化；后来，在数个世纪的时间里，希腊文、阿拉伯文和拉丁文三足鼎立，产生了一系列的新译与重译，有时希伯来文也在其间扮演重要角色；最后，从十三世纪起，翻译活动均发生在民族语言间，展现出勃勃生机。

---

[13] *Du texte à l'action, Essais d'herméneutique*, II, *op. cit.*, p. 149 sq.
[14] Ibid., p. 152.

然而，仅展现翻译对原文本造成的颠覆，或像长久以来语言学家所做的那样，仅强调翻译带来的巨大破坏，声称翻译是不可能的，用佐证让－勒内·拉德米拉尔（Jean-René Ladmiral）[15]以"先决反对"[16]为题批评的那些观点，最后用平庸的"翻译文本不是原作"这一论断来进行总结，显然也是不够的。翻译的宏大规模便是有力论据，足可驳斥语言学家们的细微质疑。此外更有一重原因：翻译行为中要依托某些语言单位，语言学家却少在这些层面上论证，诸如翻译总是面向文本而非陈述，总是要处理些完备的论述，完备到无法简化成经验世界中围绕若干可辨明的指代物所形成的讨论，或者是简单当成共享类似情境的谈话者间的交流性对答。我们已经说过，翻译与作品发生关系，但作品非是映射理论所认为的那样，一定是对此前或至多是当代的事物状态的意识形态化表达，也不能简化成这些所谓的事物状态。失去自主性

---

[15] 让－勒内·拉德米拉尔（1942—），法国翻译理论家、哲学家，曾任教于楠泰尔大学，为康德、尼采等德国哲学家的法文译者，《翻译定理》是其代表作。——译注

[16] *Traduire: théorèmes pour la traduction*, Paris, Gallimard, 1994 (coll. «Tel»), pp. 85-114.

的文本同时也会失掉自我价值,届时翻译需处理的也只剩在其中辨识这些事物状态了,而"事物状态"则大致等同于文本话语的外在指代物。另外,在这种情况下,话语和语言编码间的差距所创造的可供斡旋的自由地带,也只剩下了文本外的那些,而文本则变成了历史、经济、社会和政治现实的产物。从这一视角来看,重现一部原作,建立一种阐释,让翻译不再是对最终也无非就是语义层面的问题的即时性解答,就意味着在人们所说的时代的现实中寻找文本存在的原因;而这一现实终会彻底抹除原作的文学现实,以及它所借助的纯粹文学性的工具或方法。翻译也在某种意义上变成了对历史－社会信息的转码。

就其本质而言,词语本身并无与之必然关联的意思,它们只是在复杂的组合中被使用;所以我们翻译的既不是符号,也不是能指,也不是所指,更不是指代物(除非是在预先设定词汇范围的前提下进行转码);我们翻译的是符号－语意的联结,也就是所谓"义素",而这一单位已大大超出符号的范畴:一次重复是一个义素,而在遵照某一语言的主流文体风格的信息传递中,一个出人意料的倒装结构也可视为义素;一组令人意外的词语搭配是义素,对节奏、韵律和某个双声表达法的择取也是义素；此外，以对称的句式进行枚举并仔细平衡前后分句中所包含的信息数量，选择某种修辞手法，抑或是近音词连用，这些也都是义素。依凭义素，可以对原作进行重塑，即从中生成解读，而解读则对重写原文本有指引作用。至于评判重写所依据的标准，则只能是在解读中起到支配作用的一致性，或者是在整个重写过程中一直保持的结构上的吻合。重建原作时，还要考虑到我们接下来要谈的"翻译的单位"。这一单位可能是独立的文本，或是一系列文本，或是一位作者的全部作品，或是作为整体的某个语言系统，甚至是一整块文本传统（这一问题对理论文本的译者而言尤为棘手，他们常会面临一整套术语的问题，但术语系统并不能完全取代文本，因为它只是后者的视野，而非话语转成词汇后的完成形式）。

但是，这种文本观意味着一个普遍的预设：意义之源不仅与文本处于同一时代，就其本质而言，它甚至存在于文本之中。换言之，意义在文本的结构（即文本所回应的东西，或者是它想要确证或更改的，以及它想要革新的东西）四周徘徊，也可以说游走于它的结构内部。这一预设同利科所持的论断可是大有差别:"在所有的使用场景中,(……)话语(……)都希望为语言活动带来经验,带来一种居留并存在于世的方式,这一方式的存在先于话语,且要求被言说。"他承认自己"坚信"——他接下来就说明了这一"坚信"源自海德格尔和伽达默尔——"被言说之物""比言说本身享有更大的优先权"[17]。这一"坚信"基于对他人学说的继承,自1968年起,利科就从未否认过这一理论来源,对此颇为坚持。毕竟早在这一年,他就申明过海德格尔的贡献在于提炼出了"语言的一个面向,它不仅先于主观意图,更先于语言结构",所以词语就是"从向我们发出的言语到我们发出的言语间的中转点"[18]。利科因此认为言说先于所有的言语及语言,而他所指代的自然便是神启,不过他打算赋予神启比海德格尔的存在还要具有原初性的地位:他从三个方面着手,概括了自己的语言观,以便证明对文本结构的分析所能实现的只有"重组形式",而"言

---

[17] 参见 «De l'interprétation», in A. Montefiore (dir.), *Philosophy in France Today*, Cambridge, Cambridge U.P., 1983, 后收录于 *Du texte à l'action. Essais d'herméneutique*, II, *op. cit.*, p. 34。

[18] «Contribution d'une réflexion sur le langage à une théologie de la parole» (1968), 后收录于 coll. *Exégèse et herméneutique*, Paris, Le Seuil, 1971, p.316。

语的现象学"仅依附于人类语言活动中的意图,所以需要创设一门"话语的本体论",将(普遍意义上的)语言活动理解成"存在的方式"[19]。意义之源,以及与之关联的相较所有语言所说的语言活动之源,都享有极为特殊的地位:它们先于一切话语,先于所有人类的表达,所以也先于所有文本——而由此导出的最明显的悖论,就是这些关于神启的话语只有借助对(……)某个文本的解读才能实现,不管此处的文本指的是《创世记》第九章、《出埃及记》第二十章、《约翰福音》第一章,还是《路加福音》第十二章或保罗书信。又过了近十年,虽然利科这次承认了神启的历史性,他还是在那篇讨论神启的长文[20]中重申了自己的文体观:"在一个文本中,最终要理解的既不是作者及其预设意图,也不是文本结构或其内生的构架,而是它所瞄准的、所指代的外部世界。[21]"因此,除去对其意义的理解外,文本还服从某些次要结构,

---

[19] *Exégèse et herméneutique*, p.304. 此处我们并不想讨论如何证明神启较之存在更有优先性:从海德格尔式的视角出发,这显然是不可能的。

[20] «Herméneutique de l'idée de Révélation», Bruxelles, Publication des Facultés universitaires Saint Louis, 1977, p.25.

[21] Ibid., p.38.

这些结构的生成与作者并无多大关系；作者实际上只不过是某个"意义"的中介，而无论如何，意义都会超越作者本身，都会脱离他的掌控；这样说来，虽说我们要依凭作者所书写的文本结构才能重塑意义，以实现（虽然永远无法在某种程度上彻底实现）对作者意图的理解，且作者书写文本的努力终归是我们获取阅读物的前提，但作者意图在书写中还是不会发挥任何作用。

对利科来说，文本大致就是某一个原初的、古老到无法追忆的"言说"所留下的"痕迹"，这一言说本是供我们倾听的，但我们却注定永远也无法正确解读这种意义在原初时的完满形态。在这种语境里，对作者的了解，对文本结构的认知，还有对历史环境的把握都只能居于次等地位，最紧要的是利科所说的文本的诗性功能，代表着"一个真理的概念，因与真理完全契合而无法被定义……此处，真理并不意味着校验，而是显现，也就是说要任由自我显现的事物存在"[22]。这一观点对翻译的影响也是立竿见影的：翻译不再是对某个作者或他的文本的回应，不需知道

---

[22] «Herméneutique de l'idée de Révélation», p.41.

作者本人如何构思他的作品，以便回答某个背景下提出的某个问题，无须了解作者如何组织文字，以为上述问题提供某种解答，或者是为了同传统间拉开某些距离；翻译要回应的是"意义和作品的指代物"。换言之，就像海德格尔于他那篇关于阿那克西曼德之箴言的文章中谈起翻译时所说的那样，翻译就是将自我放在一个"历史性"[23]的层面上。如果说"意义"是原初性的，是随着历史推进，以文本为媒介渐次显现的，而文本既无创造意义的能力，所做的也只不过是将之表达出来，那么阐释就是在纷繁复杂却终究只是偶然的表达的遮蔽下，寻找一致性。这便是构成文本的可能性的先决条件，人们却为了强调意义传递的历史性，常常否认这一点。

所以，我们可以按照对意义之源的不同的理解，来定义不同的翻译方式。有三种方法：第一，意义存在于文本之外，至于它是先于文本还是后于文本，甚至是非文本的，这些都不重要；第二，意义来源于作者与文本、译者与原作间即时且暂时的相遇，它在自

---

[23] 法语词为"historial"，对应的德文词为"Geschichtlich"。——译注

我勾画后又自我模糊,永远稍纵即逝,永远都是相对的;第三,意义主要出自文本,这里的"文本"指的是一个复杂的过程,其间掺杂着身居于某一传统中的作者的诸多决定。但作者并不会像接纳宿命一般被动地接受传统,他用笔下之词营造文本效果,以此来迎合或改变传统。

借用洪堡的说法,翻译永远都是工作,它只可能是劳动。但这项工作处于历史之中,即便有些凝滞或阻碍,历史的活力也会倾向于创造出新的形式,不会真的向后倒退。翻译就是植根于文化的活力中,它有助于扩大传统与创新间的张力,让新的文化交融显得更为紧迫。

翻译的挑战与幸福

请允许我向斯图加特 DVA 基金会[24]的管理层表示感谢。谢谢他们的邀请，让我终有回馈的机会，得以用自己的方式为 1996 年"法德翻译奖"的颁奖活动做一份贡献。蒙诸位允准，我今日的演说将以《翻译的挑战与幸福》为题。

我接下来要发表的评论都围绕着翻译中那些巨大的困难及微小的幸福。事实上，我愿将之置于"异域的考验"[25]的书题的护佑之下，永令我们缅怀的贝尔曼[26]

---

[24] 德意志出版社（Deutsches Verlagsanstalt），既是博世基金会的分支机构，也是一家出版社。

[25] A. Berman, *L'épreuve de l'étranger*, Paris, Gallimard, 1995.

[26] 安托瓦纳·贝尔曼（1942—1991），法国翻译学家，翻译理论哲学流派的奠基人物，"异化翻译"的忠实信徒，《异域的考验：德国浪漫主义时期的文化与翻译》为其代表作。该书中文版由生活·读书·新知三联书店于 2021 年出版。——译注

以此命名他的精彩著述,副标题则是"德国浪漫主义时期的文化与翻译"。

翻译是一场艰难的赌博,有时竟会无法为继。我先要用上些时间,讲述翻译中的困难。"考验"一词可以精准地概括这些困难,因着它有"受苦"和"检验"两重意思。就像人们所说的那样,经受一项计划、一个欲望,甚至是一种冲动的考验:翻译冲动。

为了更好地阐明这一考验,我建议将之同瓦尔特·本雅明[27]所说的"译者的任务"做个比对。依照弗洛伊德给"工作"一词下的定义,"译者的任务"也能做双重意思解。弗洛伊德在一篇文章中谈到"回忆工作"[28],另一篇又论及"哀悼工作"[29]。翻译亦是如此,要历经某种拯救和某种对失去的接受。

---

[27] 瓦尔特·本雅明(1892—1940),德国犹太裔哲学家、文学批评家、翻译理论家,法兰克福学派的代表人物。在翻译学领域,他 1923 年所作的《译者的任务》影响极大,是现代翻译学尤其是"形译派"的奠基性著述。——译注
[28] 即《回忆、重复及修通》。文中谈到在心理治疗中,要借由催眠等技术帮助患者重现记忆,以修通意识对不愿回忆的事情的阻抗。——译注
[29] 即《哀悼与抑郁》。哀悼被认为是失去所爱之人后产生的一种反应,可向自我宣布对象已死,从而获得继续生存的动力。——译注

拯救什么？又失去了什么？这正是贝尔曼著作标题中的"异"字所提出的问题。翻译行为让两个对手间产生了关联："异"——囊括了作品、作者和他的语言——和译作的"阅读对象"。二者之间，是负责传递的译者，将完整的信息从一种民族语言转移到另一种民族语言。这种中介人的境地谈不上舒适，"考验"便隐于其中。弗朗兹·罗森茨威格（Franz Rosenzweig）[30]为这一考验罩上了悖论的外壳。他说，翻译，就是服侍两个主人：原作中的异者，及被同化欲望支配的读者；外国作者，及与译者栖居于同一语言的读者。实际上，上述悖论从属于一个独一无二的问题，而这一问题则置身于对忠实的心愿和有关背叛的疑虑的双重裁决之下。今晚，有位获奖者曾向施莱尔马赫致敬，而施莱尔马赫则将这一悖论分割成两句话："把读者移动到作者的所在"，"让作者移动到读者的面前"。

正是在这种交流中，在"读者""作者"等同系列字词的换位与交错间，存在着我们刚刚述及的"回忆工作"和"哀悼工作"。先是回忆工作：我们可以

---

[30] 弗朗兹·罗森茨威格（1986—1929），德国犹太裔神学家、哲学家。——译注

把它比为一场分娩,它关系到翻译的两极。一方面,它撼动了所谓"母语"的神圣性,触动了其在身份认同上的谨小慎微。

此一来自读者方的抵抗不应被低估。自认完满的自命不凡,以及对他者的介入的拒绝,令无数的语言种族中心主义暗中滋长,甚或还有更严重的,即追逐文化霸权的自负心态。这曾见于从古典时代晚期到中世纪末、历经文艺复兴却仍居主导地位的拉丁语,见于古典主义时期的法语,也包括今时今日的英美语言。我仿照心理分析术语,用了"抵抗"(résistance)[31]一词,来指称源自译入语的、对异域的考验的阴险狡诈的抗拒。

但是,像患者在面对回忆工作时一样,他者语言一方对翻译工作的抵抗也并不会更少。译者会在工作中的数个层级遭遇这一抵抗。翻译开始前,抵抗就以"不可译假设"的形式出现,在译者尚未着手原作时就发挥了抑制作用。仿佛就在启动之际的原始情绪和时而闪现的焦虑中,异者的文本昂然耸起,如同某

---

[31] 如弗洛伊德就曾在《精神分析五讲》中使用过"抵抗"一词,可指病人在治疗中拒绝配合进行"回忆工作"。也有译者译为"阻抗"。——译注

个抗拒翻译而又毫无生气的庞然大物。从某个角度来看，这种初始时的假设不过是个幻象，根源在于"原作无法被另一个原作复制"的庸常论断。我用"庸常"一词，是因为所有收藏家在面对某件艺术品的上佳仿作都会做如是评断。他们认为，摹本最大的缺陷，即是它非原作。但除去这一将翻译视为复制的原作的幻梦，另需警惕"完美翻译"的幻象。它在恐惧中达到顶点：翻译，因为是翻译，所以就其定义来看，它在某种程度上只能是坏翻译。

然而，翻译工作一经启动，对它的抵拒就又会披上一层没那么虚幻的外衣。不可译的滩涂散落于文本中，将翻译变为一场悲剧，把对好翻译的愿景变成赌博。从这一角度看，诗歌作品的翻译应是类似活动中最能淬炼才智的，更准确地说，尤其是在德国的浪漫主义时期，从赫尔德[32]到歌德[33]，从席勒[34]到诺瓦利

---

[32] 赫尔德（Johann Gottfried Herder，1744—1803），德国哲学家、路德派神学家、诗人，被视为浪漫派的先驱人物。——译注
[33] 歌德（Johann Wolfgang von Goethe，1749—1832），德国著名作家、思想家、科学家，魏玛古典主义的代表人物。——译注
[34] 席勒（Johann Christoph Friedrich von Schiller，1759—1805），德国作家、思想家、历史学家，德国启蒙文学的代表人物之一。——译注

斯[35]，及至洪堡[36]和施莱尔马赫，还有与我们同时代的本雅明和罗森茨威格。

的确，诗歌呈现了意义与音韵、所指与能指间不可分割的巨大难题。但与我们今日话题关系更紧密的是哲学作品的翻译，它们展现了另一层面上的困难，在某种意义上同样是无解的：语义场间的界限无法完全从一种语言移转至另一种语言。涉及"基础词"（Grundwörter）时，困境更是登临顶峰，译者有时被迫要进行"字对字"的翻译，为同一个词在译入语中寻找固定的对应词，但这未必是正确的解决方式。这一看似正当的翻译限制其实自有局限，因为那些著名的"基本词"，如"表象"（Vorstellung）、"扬弃"（Aufhebung）、"此在"（Dasein）、"本有"（Ereignis）[37]，本身就凝结着长期形成的互文性，反映着整体的历史背景，更不用说在它们落于纸面的过程

---

[35] 诺瓦利斯（Novalis，1772—1801），德国浪漫主义诗人。——译注
[36] 此处指威廉·冯·洪堡（Wilhelm von Humboldt，1767—1835），德国语言学家、比较语言学的创始人之一，创立了柏林洪堡大学。——译注
[37] 此处几个德文哲学词语的翻译在中文学界仍为争论焦点，笔者放上几个常见的译法，仅为便利读者理解。——译注

中，还会产生旁的被掩盖的互文性现象：此前已有同一或对立的思想传统中的作者使用过这些词汇，互文性有时是对过往用法的重复，有时是改变，亦可能是驳斥。

不仅语义场无法重叠，句法也不能对应，句式更无从传递相同的文化遗产；而即便词语的显性含义已被译出语的词汇表细细界定，另外也会附上半哑的隐性含义，飘荡在符号、句子及或短或长的段落之间，对此我们又能说些什么呢？因着这些相异性叠加出的症候群，他者的文本向翻译展露了抵抗性，还有时有时无的不可译性。

一旦涉及由精准语义武装起来的哲学文本，翻译的悖论就暴露无遗。所以，逻辑学家奎因[38]沿着英语分析哲学的路线，将"两个文本间存在着非同一性的对应"的说法判定为不可能。两难之处如下：好的翻译中，译出与译入两个文本需由并不存在的第三个文本来评判。而问题就是，这意味着要用两种不同的方式言说同样的内容，或者至少是企

---

[38] 奎因（Willard Van Orman Quine，1908—2000），美国哲学家、逻辑学家，逻辑实用主义的代表。——译注

图言说同样的内容。但是这一相同性,或者说是同一性并不是以第三个文本的形式被给出的。所谓的第三个文本,地位大致等同于柏拉图在《巴门尼德篇》中所说的第三个人,他在关于人的"理型"与参与真实且现实的理念的创造的人类样本间扮演第三方的角色[39]。既然这保存有意义和语义的同一性的第三方文本并不存在,评判两方文本所能依凭的也只剩下掌握多种或至少两种语言的专业人士的批评式阅读,但批评式阅读本身就等同于一次私密的重译,即专业人士作为有能力的读者,重新为此做了翻译工作,让自身经受了翻译的考验,同样面对了非同一性的对等的问题。

说到这里,我想插上几句话。提到读者所做的重译,我已触及一个更普遍的问题,即对伟大的作品,尤其是对世界文化中的重要经典(《圣经》、莎士比亚、但丁、塞万提斯、莫里哀)所进行的不间断的重

---

[39]《巴门尼德篇》中,柏拉图借爱利亚学派的哲学家巴门尼德之口,批评了少年苏格拉底的理念论,主要讨论的是"一"和"多"关系。书中的巴门尼德认为,被诸多幻象充斥的现实世界之外,还存在着作为原型的理型世界。"理型"法文译为"idée",中文中亦有人译为"理念""理式"等,代指存在于万象之上的不变的原型。——译注

译。或者甚至可以说，我们可以在重译中更清楚地看到翻译冲动，它的养分就是对现存翻译的不满。我想补充的就是这些。

之前，我们一直追随译者的脚步，和他一同经历了开始前的焦虑，也体味了整个工作中同文本进行的斗争；作品完成，他就被留在了永无满足的窘境中，而我们现在也要与之暂别。

为着这次活动，我细细重读了安托瓦纳·贝尔曼，他用一句精彩的话总结了两种抵抗形式：先是待译作品的抵抗，后是翻译中译入语的抗拒。此处是对他的引用："在心理层面上，译者具有两面性。他需从两方面着力：强迫自我的语言吞下'异'，并逼迫另一门语言闯入他的母语。[40]"

经我们比照，弗洛伊德所说的记忆工作在翻译工作——这一在双重抵抗的双重阵线上被征服的工作——中寻到了恰切的对等。好吧，话至此处，悲剧性的转折点终要来临，哀悼工作也要在翻译学中找到对等物，为这一学科带来苦涩却珍贵的补充。

---

[40] 利科引用的原文出自 A. Berman, *L'épreuve de l'étranger, op. cit.*, 1995，p.18。中文译文引自《异域的考验：德国浪漫主义时期的文化与翻译》，生活·读书·新知三联书店 2021 年版。——译注

一言以蔽之，就是舍弃"完美翻译"的理想。正如对某一缺陷的接纳，只有放弃才能帮助我们经受刚刚所说的"服侍两位主人"的不可能性，即同时服务于作者和读者。"把读者移动到作者的所在"，"让作者移动到读者的面前"，两个任务间不和的名声早已传扬于外，只有哀悼才能让同时承担二者成为可能。简言之，鼓足勇气面对著名的"忠实与背叛"的难题：心愿/疑虑。不过，这一放弃并哀悼的工作中，关涉的是哪一种完美翻译呢？拉古－拉巴尔特和让－吕克·南希在《文学的绝对》(*L'absolu littéraire*)[41]中给出了一个可为德国浪漫主义者接受的版本[42]。

此处的"绝对"支配着一场命名各不相同的近似化事业，歌德称为译入语的"再生"，诺瓦利斯将之视为译出语的"潜能激活行为"，冯·洪堡的论述中，

---

[41] 拉古－拉巴尔特（Lacoue-Labarthe, 1940—2007）与让－吕克·南希（Jean-Luc Nancy, 1940—2021）均为法国哲学家、文学批评家，二人合著有《文学的绝对》，搜集分析了德国早期浪漫派代表性杂志《雅典娜神殿》中的重要文本。——译注

[42] P. Lacoue-Labarthe et J.-L. Nancy, *L'absolu littéraire*, Théorie de la littérature du romantisme allemand, Paris, Le Seuil, coll. «Poétique», 1979.

时而可见双重的"构建"[或"教化"(Bildung)][43]过程的殊途同归。

然而，这一梦想并非是全然的空中楼阁，它鼓励着这样的野心，要将待译作品所用的译出语的隐藏面暴露于阳光之下；与之相对地，还有着去除母语的乡土色彩的野心，邀请母语自视为诸多语言中的一种，甚至是将自己作为"异"来进行感知。不过，此类对完美翻译的愿想还会表现为其他的形式。这里我只引用两个：首先是随着启蒙运动（Auflärung）的路径，树立放之宇宙而皆准的目标，梦想着建造一座图书总馆，借着积累把总馆化成大写的唯一的"书"。这一构想形成了巨大的网络，其无尽丛生的枝丫便是所有的作品在所有的语言中的翻译，最终结晶成某种普遍化的图书馆，在那里所有的不可译性都被消弭。这一梦想是关于某种理性的梦想，理性全然超脱了文化的

---

[43] "Bildung"一词在德文中有多重意思，若从其词源"Bild"（图形、形式）来看，可理解为"形成"；亦与"Kultur"同义，可表"文化"；另有"教化""教育""培训""成长"之意，在洪堡的语境中亦有人译成"自我形成"。笔者在翻译《异域的考验》时，考虑多重词义并结合贝尔曼所用的法文对应词"formation"，选取了较为偏离原意的"构建"一词，此处为保持术语统一性仍在文中加入此译法。——译注

限制和群体的局限，是无所不译的梦想，意图充满语言间交际的空间，填补普适语言的缺位。另外，在那篇绝妙的《译者的任务》中，瓦尔特·本雅明于语言层面激活了一个弥赛亚式的等待，也代表着完美翻译的另一个目标。如他所说，瞄准的对象是纯语言，每一个翻译的身上都带有它的印记，仿佛来自弥赛亚的回声。而无论其形式如何，完美翻译的理想便等同于对于翻译中的获得的企望，即对"无损的获得"的渴求。需要哀悼的，正是这种"无损的获得"，直到接受自我与异者间无可逾越的差异。在对母语的乡土性的憎恶中，失而复得的普遍性试图抹去关于"异"的回忆，或许还有对自我语言的热爱。同一个普遍性还会擦除它自己的历史，把所有相对自我而言的异者变成语言中的失国之人，他们流浪，却放弃了寻求某一译入语的庇护。简单来说，就是流浪的游牧者。

正是对绝对翻译的哀悼成就了翻译的幸福。语言的绝对性既已灭失，当翻译的幸福可以接受同一与对等间的差距，可以接受非同一的对等时，它就变成了获得，也就是它的幸福所在。译者承认并接纳"我"与"异"这一对概念间的不可互约性，他认识到翻译行为的对话性有着无可超越的地位并以此为翻译欲望的理性视野，然后他就会在其中找到补偿。虽然不可知论让译者的任务沦为悲剧，但他还是可以从我所说的"语言的好客性"中寻到幸福。

译者的持身之道便是非同一的对应。这是个脆弱的条件，核验它是否达成的依据只有我刚刚说到的重译工作。重译工作所依凭的是译者工作中对双语的最基本的掌握，是一种重复的练习，也是于译者之后进行的某种再译。刚刚提到的两种模式多少类同于对回忆工作和哀悼工作进行的精神分析，我从这二者出发，却是为了说明就像讲述行为一样，我们还可以用别的方法来翻译，并不奢望着可以填平对等和绝对的同一间的沟壑。所以说，存在着语言的好客性，栖居于他者语言中的快感将被在家中——在自己的待客之处——接待他者的言语的快乐所补偿。

翻译的范式

翻译行为所提出的问题可由两个途径着手思考：要么就从狭义上理解"翻译"一词，将其当成字面信息从一个语言到另一语言的传递；要么就借其广义，将其当成同一语言社群内对一切能指的理解的同义词。

两种路径都有其正当性：安托瓦纳·贝尔曼在《异域的考验》里选择的是第一条，考虑到了不同语言间多元性与多样性的广泛存在；《巴别塔之后》里，乔治·斯坦纳跟随的是第二条，书中直接探讨了他用"理解，就是翻译"来加以总结的这一现象。我想从将"我"与"异"的关系置于最显要层面的第一种路径说起，再顺着由一种语言到另一种语言的翻译所引出的困难及悖论，过渡到第二种路径。

那就从语言的多元、多样性说起，先来关注一个事实：翻译所以存在，是因为人类操着不同语言。借用洪堡的题目[44]，这就是"语言多样性"的事实。但是，这一事实同样是个谜题：为什么不说同一种语言，而又为什么有这么多语言，按人类学家的说法，至少有五六千种？所有达尔文式的生存竞争中的实用性及适应性标准不再成立；而数不清的多样性不仅无用，而且有害。事实上，如果说语言社群内的沟通能得以保证，要归功于每门独立语言的强大同化能力的话，同社群外的交流就几乎是不可行的，因为存在着斯坦纳所说的"有害的浪费"。但真正成谜的，还不单单是对交流的困扰——"巴别塔"神话将之称为地理意义上的"分散"和沟通层面上的"混乱"[45]——更有同其他和语言有关的现象的对比。首先就有颇令人瞩目的语言的普遍性："所有的人都说话"，除工具、制度和墓葬之外，这也是人类的共性之一；而语言可以理解成对符号的使用，符号不是事物，却可当

---

[44] 笔者未能在洪堡的著述中查找到完全对应的题目，疑利科所指是《论人类语言结构的差异及其对人类精神发展的影响》一书。——译注
[45] 亦可译为"变乱"。——译注

作事物来使用——谈话中被交换的是符号——共同语言在社群认同中扮演重要角色；语言是一种常因地域性表现而被否认的普遍能力，是常被碎裂、广布、分散的实施过程所蒙蔽的普遍才能。这就是那些思辨的来源：先是神话中的，再是探讨分散－混乱之来源的语言哲学里的。从这一角度看，在文学结构上过于短促、混沌的巴别塔神话更会让人回溯且幻想存在着一门久被遗失的所谓"天国"的语言，而在语言的迷宫中，并没有什么向导。分散－混乱也就成了一场无可挽回的语言灾难。稍后，我还会针对人类惯常的处境给出一个更善意的解读。

不过，在此之前，我想强调还存在第二个事实（它不应当遮蔽第一个事实，也就是语言的多样性）：即人们"一直在翻译"这一同样引人关注的事实；在职业译者之前，还有旅人、商人、使节、间谍，双语者和多语者，已是为数不少！此处，除令人哀叹的不可交流性以外，我们又触及另一个值得注意的要点，也就是翻译这个事实本身，它所依赖的前提便是所有的说话人都有学习及使用除自我语言外其他语言的能力；这一能力与语言实践的其他特性是一致的，而其他这些特性会让我们在苦苦求索之后，最终发现语际翻译与语内译介手段的相近性，比如——我先预告一下——语言活动的反思性，也就是一直存在的谈论语言活动本身的可能性，同它保持距离的可能性，或者是把我们的语言当成诸多语言之一的可能性。关于语言活动的反思性，我想稍后再做分析，现在我只关注翻译这一简单的事实。人类说不同的语言，但他们可以学习母语之外的其他语言。

此一简单事实可引发宏大的思考，却易陷入某种摇摇欲坠的两难之境，必须要努力从中脱身。而引发瘫痪的两难之选则是：要么就是语言的多样性体现了一种极端的异质性——翻译也因此在理论上变为不可能，以先验的视角来看，语言无法互相翻译；要么就是作为事实的翻译之所以可能实现，原因是存在着一份共同的资产；但那就意味着我们要能够寻回这一共同资产，它是原初语言留下的痕迹，或是要能够在逻辑上重建这份资产，它是普遍语言的踪迹；原初或普遍，这门绝对语言都应该可以借由它的语音表、词汇表、句法表或修辞表展现。我再重复下这种理论上的二选一：其一，语言的多样性是绝对的，那翻译按理来说就是不可能的；其二，翻译是事实，那就要借由追寻这一可观察到的事实的源头，或者是重构其先决条件，以建立翻译在法理上的可能性。

我个人的建议是，要走出"可译 vs. 不可译"这一理论上的二元论，代之以另一个实践层面上的、来自对翻译的试练本身的二选一，即"忠实 vs. 背叛"，虽然这么做不啻承认翻译实践是件风险颇高且一直为自身寻求理论的事情。最终我们会看到，语内翻译所遭遇的困难也印证了这一令人尴尬的剖白。最近，我参加了一场有关阐释的国际学术会议，聆听了分析哲学家唐纳德·戴维森[46]的报告，题目就是《理论上困难、艰难（hard）和时间上容易、轻易（easy）》(*Théoriquement difficile, dur et pratiquement facile, aisé*)。

围绕着其语外、语内的两面，这也正是我对于翻译的假设：理论上无法理解，但事实上可以操作，付出的代价就是我们接下来要说的、实践中对"忠实 vs. 背叛"的二选一。

在深入阐述"忠实 vs. 背叛"这一务实性的辩证法之前，我想简短解释为什么会有那条思辨上的死胡同，令不可译与可译狭路相逢。

---

[46] 唐纳德·戴维森（Donald Davidson, 1917—2003），美国分析哲学家，实在论的代表。——译注

不可译性的假设是某种人类语言学——B.李·沃尔夫、E.萨丕尔[47]——所导出的必然结论,不同的语言系统建立在不同的切割方式之上,而该学说指出了这些切割方式的不可重叠性:语音和发音上的切割是音位系统(元音、辅音等)的基础,概念分割操控着词汇系统(字典、百科全书等),句法切割支撑着不同的语法。相关例证十分丰富:如果我们用法语说"bois"一词,就是把木质材料和小树林的概念整合到了一起;但在另一种语言里,这两个概念也许就并无关联,分属两个不同的语义系统;语法层面上,很容易发现不同语言中动词的时态系统各不相同;有些语言里人们不会强调动作在时间中的位置,而是用完成体或未完成体;更有些语言没有动词形变以表示时态,时间线中的位置要靠与"昨天""明天"等对应的副词来表示。如果此外人们再相信每一种语言分割都意味着一种世界观——在我看来这种说法是站不住

---

[47] E. 萨丕尔(Edward Sapir, 1884—1939)及其弟子 B. 李·沃尔夫(Benjamin Lee Whorf, 1897—1941)是美国人类学家、语言学家,二人提出的"萨丕尔-沃尔夫假设"又称"语言相对论",即语言的结构、意义和使用在很大程度上影响了使用者的思维方式。——译注

脚的——并举例印证说希腊人得以创设本体论，是因为他们的"是"这个动词既可以做系动词又可以判定存在，那么特定语言的使用者间所有的人与人的关系都是不能被移植到另一门语言的使用者之间的，因为后者借用另一些关系来理解他与世界的关系，并以此理解自身。所以就有结论：误解是正当的，翻译在理论上是不可能的，双语者必然是精神分裂患者。

于是我们又被推向了河流的另一岸：既然存在翻译，那么它应当是可能的。而它既然可能，那么在语言的多样性之下，定存在着一些隐藏的结构。它们要不就带着久已遗失但亟待寻回的原初语言的痕迹，要不就是些先验的编码，包含着普遍的或按人们所说的"超验"的结构，而我们应当重建这些结构。第一个版本——即原初语言说——曾被诸多宗教神秘主义、犹太教神秘哲学和各种晦涩难懂的学说所宣扬，竟致结出了有害的果实，诸如为某种所谓的雅利安语言辩护，认为这门语言在历史上是非常丰富多产的，与素有贫瘠之名的希伯来语相对。莫里斯·奥朗戴[48]著有

---

[48] 莫里斯·奥朗戴（Maurice Olender，1942— ），比利时历史学家，法国社会科学高等研究院教授。——译注

《天国的语言》[49]，更配上"雅利安人与闪米特人：天作之合"这一令人不安的副标题，在书中"智慧的寓言"的那一节他揭露了上述这种阴险的语言反犹主义的存在；不过，为显公平，还要补充一句，对原初语言的追缅也创造了瓦尔特·本雅明的强劲沉思：《译者的任务》里说到，"完美语言""纯粹语言"——这是作者的用词——是翻译行为的弥赛亚视野；本雅明也在其中隐晦地表达，当不同的民族语言同被推至诗学创新的巅峰时，它们就可融为一体。遗憾的是，翻译实践未从这种转化为末世期待的乡愁中获得任何裨益；稍后，我们恐怕要对这一关于完美的愿景痛致哀悼，以清醒且节制地承担起"译者的任务"。

另一版本也是对同一性的找寻，只是不在时间的方向上溯源，而是埋首于先验的编码，却更难对付。《欧洲文化中对完美语言的追寻》(*La recherche de la langue parfaite dans la culture européenne*) 一书中，翁贝托·埃科[50]用了几个章节的篇幅来讨论此类尝试，

---

[49] M. Olender.H, *Les Langues du Paradis*, préf. De J.-P. Vernant, Paris, Gallimard/Le Seuil, coll. «Hautes Etudes», 1989.

[50] 翁贝托·埃科（Umberto Eco，1932—2016），意大利作家、哲学家、符号学家。——译注

让人获益匪浅。如培根所说，这些尝试旨在剔除自然语言的不完美，而自然语言正是他所说的语言"幻象"[51]的源头。莱布尼茨提出"通用表意文字"[52]的构想，让上述假设有了实体：他盼望的也是创设一套表达简单想法的普遍词汇表，再为了组织这些真正的思想"原子"，编出一套规则说明。

好了！现在可以进入焦点问题了——这也将是我们思考的转折点：需要探究一下，这一尝试为什么会且一定会失败。

当然，乔姆斯基[53]学派在所谓的转换生成语法（*Trans formation al-generative grammar*）上取得了一定的成果，但词汇和语音方面却是一败涂地。为什么？因为受诅咒的并非自然语言的不完美之处，而

---

[51] 培根认为，知识并非是对外部世界的客观反映，人在认识世界时常会因为信息的不全面及自身的主观预设导致谬误，他将这种预设称为"幻象"（英文称 idol），列举了剧场、种族、洞穴、市场四种幻象。——译注
[52] "通用表意文字"（拉丁文 characteristica universalis，法文译为 caractéristique universelle）是莱布尼茨设想的一种通用表意语言，能够表达数学、科学和形而上学的概念。——译注
[53] 乔姆斯基（Noam Chomsky, 1928— ），美国哲学家、语言学家，转换生成语言学的创始人。该理论旨在研究语言的内在能力，认为存在一套适用于所有语言的句法生成规则。——译注

是它们的运转本身。为了将这一技术性颇强的讨论尽量简化，我们仅指出下列两处潜伏的暗礁：第一处，应为需彼此组合的基本想法设计词汇表，而在这一层面，无法就何为完美语言的特性达成共识；达成共识意味着符号与事物之间存在着全然的同源性，不带有一丝任意色彩，或者更宽泛地说，意味着语言活动与世界间的同源性；而这会构成一种同语反复，一种被宣布成为世界原貌且享有优先权的语言切割，或者是在未对人类所说的所有语言进行全面盘点的情况下，就树立起一个无法被证实的意图。第二处暗礁还要更可怕。一会儿我们还要提到，自然语言颇多怪异之处，没人能说出自然语言是如何从完美语言中派生的：普遍语言与自然语言、先验性与历史性间的沟壑看来是无法逾越的。借着这些思考，我们要为对同一自然语言内部的翻译工作的讨论收个尾。这些思考在此处是很有益的，因为自然语言无尽复杂，让人每次均需学习一门语言的运作，包括自己的母语，而它们恰将这一复杂性暴露于天日之下。以上便是战况简报：一方是实践中的相对主义，会导向翻译的不可能性；一方是书斋中的形式主义，无法用可展示的普遍结构来为翻译事实奠定基础。是的，必须要承认：从一门语言到另一门语言,形势(la situation)恰是分散与混乱。但是,翻译却正是植根于"尽管如此"的陈词滥调。尽管有兄弟相残,我们却为"四海之内皆兄弟"而奋斗。尽管有民族语言的异质性,仍有双语者、多语者、口译员和笔译员。

那么,他们是怎么做的?

之前,我已宣告要转换路径:我说的是,要离开"可译性对不可译性"这一思辨上的二选一,进入"忠实对背叛"这对实践中的二选一。

为顺利开始这一翻转,我想回到对巴别塔神话的解读上,却并不想以"神嫉妒人的成功,所以施加了语言灾难"这一说法做结,因为我们同样可以将这一神话,以及其他所有谈及不可逆情形的创世神话,解读成没有审判意味的、描述原初时代的分离的笔录。创世伊始,宇宙元素的分离让秩序自混沌中浮现,我们可以从这一节开始,继而说到人类失去纯洁,被逐出伊甸园,标志着其进入需承担责任的成年阶段,再过渡到(想要重读巴别塔神话,这部分可是大有干系)兄弟相残,即亚伯之死,这一事件把兄弟之爱变成一项伦理计划，而非自然所赐的简单已知。要是采取这条阅读路线（我与《圣经》注解者保罗·博尚[54]都赞同这一路线）那巴别塔神话中所叙述的语言的分散和混乱，就算是借由将分离引入语言活动的实践中心，来为这场有关分离的历史事实加冕。我们就是这样的，我们就是这样存在的，历经分散与混乱，是什么在召唤我们？好吧……是翻译！这里我们要再次借用已被提及的瓦尔特·本雅明那篇声名卓著的文字，认为存在着某个被"译者的任务"所定义的后巴别塔时代。

为了让这一解读更有力度，我同翁贝托·埃科一起，提醒大家《创世记》第十一章中的1—9节之前还有第十章中的31—32节，其中语言多样性似乎只被当成一个已知事实。我用舒拉基[55]的粗粝译本来诵读这些片段：

> 这些是闪的子孙，因着他们的宗族、他们的语言、他们的土地和他们的民众。

---

[54] 保罗·博尚（Paul Beauchamp，1925—2001），法国神学家、耶稣会士，曾注解《圣经》。——译注
[55] 舒拉基（André Chouraqui，1917—2007），以色列作家、思想家、律师、政治家，因其翻译的《圣经》法文本而知名，强调基督教的犹太根源。——译注

那些是诺亚的儿子的宗族，因着他们的事迹，随着他们的民众：洪水之后，于民众中分出了土地上的各民族。

这两节都是列举的语气，是带有善意目光的单纯好奇。所以翻译是一个任务，此处不做"受迫使的义务"解，而是要做的事的意思，用本雅明友人汉娜·阿伦特[56]在《人的境况》[57]里的话来说，这纯粹是为了让人类的行动得以继续。

随之就是题为"巴别塔神话"的叙述：

这是全地：一条口舌，同一言语。

是在他们出发向东时：他们找到了士拿地的一处峡谷，于此定居。

他们每个人都对同类说：来，我们做些砖头，把它们放在火里烧。砖头对他们来说变成了石头，沥青变成了灰浆。他们说：来，我们建一座

---

[56] 汉娜·阿伦特（Hannah Arendt，1906—1975），出生于德国，美籍犹太裔政治理论家。——译注
[57] 原题：*The Human Condition* (1958)。法译本：*Condition de l'homme moderne*, C. Fradier 译, Paris, Calmann-Lévy, 1961 (rééd. avec une préface de P. Ricoeur, 1994)。

城市和一座塔。塔尖：通天。我们取一个名字，这样我们就不会分散在全地面上了。

耶和华下来，要看人的子孙建的城和塔。

耶和华说：是，所有人属同一个民族，用同一条口舌。这就是他们开始做的事！现在没有什么能阻拦他们有意要做的事情了！

来！我们下去！混乱他们的口舌，人类就不再听得懂他的同伴的口舌。

耶和华把他们分散在全地面上。他们停止建城。

做完之后他叫出了城的名字：Bavel[58]，混乱，因为在那里耶和华混乱了全地的口舌，在那里耶和华把他们分散在全地面上。

这就是闪的事迹，闪一百岁时，生了亚法撒，就是洪水后两年。亚法撒出生后，闪又活了五百年。他生儿生女。

大家听到了，没有非难，没有抱怨，没有指控："耶和华把他们分散在全地面上。他们停止建城。"他

---

[58] 希伯来语"混乱"之意。——译注

们停止建造！相当于换种方式说，"就是这样"。喏，喏，就是这样，像本雅明爱说的那样。从这个生活的现实出发，我们翻译吧！

为了更好地谈论翻译的任务，我愿同《异域的考验》中的贝尔曼一道，提出翻译的欲望。这一欲望超越了制约和用处。当然会有制约：要是想着手某事，经商、谈判，甚至是刺探，必须有些操着别人的语言的信使。说到用处，也很明显。如果我们想省些学习外语的力气，就会很高兴能找到译本。无论如何，我们都是这样接触到希腊悲剧、柏拉图、莎士比亚、塞万提斯，还有彼得拉克和但丁、歌德和席勒、托尔斯泰和陀思妥耶夫斯基的。制约、用处，好吧！但还有更牢固、更深邃、更隐秘的东西：翻译欲望。

正是这一欲望感召了自伟大的古典主义者歌德和我们已经提过的冯·洪堡以来的德国思想家，其中包括浪漫主义者诺瓦利斯、施莱格尔兄弟、施莱尔马赫（不要忘记他译过柏拉图），再有索福克勒斯的悲剧性译者荷尔德林，直至荷尔德林的继承者瓦尔特·本雅明。而在这一美妙世界的背后，还有《圣经》译者路德——路德及其将《圣经》"德意志化"的愿望，因为《圣经》曾是圣哲罗姆的拉丁文的囚徒。

这些为翻译满怀热忱的人究竟在他们的欲望中期待些什么呢？是他们中的某一人称为自我语言的扩展的东西——也是所有人称为"构建"（Bildung，既是成形也是教化）的东西，而且如果可以的话，我想再补充上他们对自我语言及其闲置资源的发掘。下面这句话是荷尔德林说的："自我之物也必须像异者之物那样充分地被学会。"那么，为什么这一翻译欲望需得以经受两难之境，即忠实/背叛的两难之境？这是因为不存在评估"好翻译"的绝对标准；若要找出这么一个标准，我们就需要把原文和译文同第三个文本做比对，而这第三个文本则是从第一个文本流向第二个文本的同一个意义的承载者，即双方说的都是同一件事。但正如柏拉图在《巴门尼德篇》中说到人的"理型"与单个的人——我们没说具体的名字，其实就是苏格拉底！——之间并没有第三人的存在，原文和译文间也没有第三个文本。于是，在两难之前，就先出现了悖论：一个好的翻译也只能以假定的对等为目标，并非建立于可展现的意义的同一性之上。无同一性的对等。这一对等只能被寻找、被打磨、被预设。而批评一个翻译的唯一办法——我们还是可以批评的——就是抛出另一个被预设的、自以为的、更好的或不同的对等。其实职业翻译领域中就是这么做的。至于我们的文化中那些伟大的文本，我们主要依赖的就是这一行当中被反复进行的重译。《圣经》如此，荷马、莎士比亚，以及之前列举过的所有作家也都是如此；哲学家那边，从柏拉图到尼采和海德格尔都是这样。

有了重译这层铠甲，我们在解决忠实/背叛的难题时是否更为装备精良？并没有。翻译欲望所需承担的风险，将"异"于自我语言中的拜会变成一场考验，而它却是无法消弭的。我们的同事汉斯-克里斯朵夫·阿斯卡尼[59]把弗朗兹·罗森茨威格称为"翻译问题的见证人"（我姑且这样翻译他那本在图宾根出版的巨著的题目），而后者就赋予了翻译一个悖论的形式：他说，翻译，就是服侍两个主人，异域中的异者，还有被同化欲望支配的读者。在他之前，施莱尔马赫用两句话分割了这一悖论："把读者移动到作者的所在"，

---

[59] 汉斯-克里斯朵夫·阿斯卡尼（Hans-Christoph Askani, 1954— ），现任日内瓦大学神学院教授。利科提到的这本著作的原题为 *Das Problem der Übersetzung - dargestellt an Franz Rosenzweig. Die Methoden und Prinzipien der Rosenzweigschen und Buber-Rosenzweigschen Übersetzungen*，出版于 1997 年。——译注

"让作者移动到读者的面前"。我个人则想冒险把弗洛伊德的术语应用到这一场景中，用弗洛伊德所说的"回忆工作"和"哀悼工作"的意思来谈翻译工作。

"异"被视为针对自我语言身份的威胁，对它的恐惧甚至憎恶催生了抵抗，翻译正是被这种抵抗所压制。但翻译同样也是哀悼工作，被用来弃置对完美翻译的理想。实际上，这个理想不仅促生了翻译冲动，或者有时也滋养了翻译的幸福，它也导致了荷尔德林的不幸：荷尔德林想要将德语诗歌和希腊语诗歌融合在一个可消除一切语言差异的超诗歌中，这一野心却最终将他摧毁。而且谁又知道呢？或许对完美翻译的理想就是对原初语言的缅怀或是借由普遍语言掌控语言的愿望的最后的栖身之所？抛却完美翻译的幻梦，就是承认自我与异者之间的差异是不可逾越的，只余下异的考验。

这里，我要回归我的题目了：翻译的范式。

的确，在我看来，翻译不只是脑力、理论和实践工作，还是伦理问题。冒着服侍或背叛两位主人的风险，把读者带给作者，把作者带给读者，就是在实践我称之为"语言的好客性"的东西。对于其他形式的好客性而言，这是一则典范，我认为它们之间互有亲缘：信仰、宗教，难道于彼此不都同外语一般吗？它们还有自己的词汇、语法、修辞和文体学，要学习才能进入其中。而圣体圣事的好客性不正是像翻译一样，同冒着翻译－背叛的风险，还都要放弃完美翻译吗？这些类比颇有风险，我也就用上述问号结束这一段落吧……

不过，我也不想就此打住，因为我还未陈述原因，说明为何不应忽略翻译问题的另一半，也就是——如果大家还记得的话——在同一语言社群之内的翻译。哪怕只用很短的篇幅，我也想要说明，所谓的完美、普遍语言与我们所说的自然（即非人为的）语言间的沟壑无可逾越，而正是在这一针对同一语言的自我所进行的工作中，这一无可逾越的深层原因终得以展露。正如我曾指出的那样，我们想要抹除的并不是自然语言的不完美，而是包裹在它们令人惊讶的诡谲中的运转方式本身。更准确地说，是语内翻译揭露了这一沟壑。此处，我赞同乔治·斯坦纳《巴别塔之后》一书的纲领性宣言。后巴别塔时代，"理解，就是翻译"。我们不能参照柏拉图认为思想即是灵魂与自身的对话的格言，简单将此类翻译当作"我"与"异"的关系的内化，因为这一内化会把语内翻译当成语外翻译的附庸。语内翻译其实是一场特别的探险,将一门"活语言"的日常手段暴露无遗:没有任何一门普遍语言可以成功重现这些无限丰富的手段。语内翻译也意味着接近鲜活语言的奥义,并同时为误解和不解的现象提供解释:按照施莱尔马赫的说法,这两个现象引发了解读,而阐释学就是解读的理论。导致完美语言与鲜活语言间的沟壑的原因也正是不解的根源所在。

我要从一个能代表我们的语言的特征的普遍事实说开来:总是可以换种方式说同样的事。我们所做的,就像在任何一本字典里那样,用同一词汇系统内的其他词语来定义某一个词。皮尔士[60]在其符号科学中就把这种现象置于语言反思性的中心。不过,当我们陈述某一论据,却没能被理解时,我们也是这么做的。我们认为自己是在解释,也就是把褶皱打开。但是,换种方式说同样的事——即"换言之"——这正是外语译者刚刚做过的事情。于是,我们在语言社群的内部,再次面对了同一个关于自我或意义本身的谜题,面对了无法寻得的同一意义;这一意义本应让共享同

---

[60] 皮尔士(Charles Sanders Pierce, 1839—1914),美国哲学家、符号学家,实用主义的奠基人之一。——译注

一意图的两个版本对应起来,但解释却经常加深误会。同时,还有一座桥梁——我愿意用这个词来称呼——搭建于语内翻译和语外翻译之间,因为即便是在同一语言社群内部,理解也至少需要两个对话人:他们当然不是外国人,但已经是"他人",或者说是邻近的他者;所以胡塞尔在提到对他人的认知时,称日常的他者为"陌生人"(der Fremde)。"异"存在于所有的他人身上。我们定义,我们重述,我们解释,我们试图用别的方法说同样的事,这都发生于多人之间。

让我们再朝着斯坦纳一而再,再而三探访的那些著名的奥秘走一步吧。当我们说话或向别人说出言语时,我们都用了什么手段呢?

用了三种单位:词语,即能在词汇表里找到的符号;句子,但不存在枚举句子的词汇表(没有人能说出在法语或是其他任意一门语言中,有多少句子曾被说出或将要被说出);最后是文本,即句子的序列。索绪尔[61]指明了第一个单位,本维尼斯特[62]和雅各

---

[61] 索绪尔(Ferdinand de Saussure, 1857—1913),瑞士语言学家、作家,结构主义的创始人,现代语言学的奠基者。——译注
[62] 本维尼斯特(Émile Benveniste, 1902—1976),法国语言学家、符号学家,曾批判重组索绪尔的语言范式。——译注

布森[63]点出了第二个,哈拉德·魏因里希[64]、姚斯[65]和文本接受理论的研究者们阐明了第三个。正是对这三种单位的使用导致了与所谓的完美语言间的差距,也诱发了日常使用中的误解,并因此催生了多元且互斥的解读。

先就词语说两句:我们的每个词语都有不止一个意思,就像我们在词典里看到的那样。我们称之为一词多义。于是,意思每次都被使用场景所限制,使用场景就是把适用于句子的其他部分的、能同其一起表达完整且助于交流的意义的词语中的某部分含义筛选出来。如我们所说,每次都由语境来决定词语在某个话语情境中所取的意思;自此而始,字眼上的争论就可能是无休无止的:"您想说什么呢?"……问答游戏之间,事情要么越辩越明,要么趋向模糊。这是因为除显性的语境外,还有隐藏语境,还有我们叫作隐性含义的东西。它未见得是智识上的,也可能是情感

---

[63] 雅各布森(Roman Jakobson,1896—1982),俄罗斯语言学家、文学理论家。——译注
[64] 哈拉德·魏因里希(Harald Weinrich,1927—),德国语言学家。——译注
[65] 姚斯(Hans Robert Jauss,1921—1997),德国文学理论家,因接受美学理论而知名。——译注

上的,非公共的,仅属于某一圈子、阶层、团体,甚至是秘密圈层的;隐藏的形式各种各样,在审查制度、禁忌、不可说的边缘上来来回回,将一整片留白都遮掩起来。

借着语境,我们从词语过渡到句子。因着属于符号单位的词语尚不能称为话语,这一新出现的单位也是话语的最基本单位,却也带来了更多的含混之源,问题主要出在从所指——我们所说的东西——到指代物——我们所指的东西,说到底就是这个世界——的关系上。就像人们说的那样,真是好宏大的计划!然而,由于不存在完整的描述,我们对世界只有片面的观点、视角和视野。所以我们才从未停止自我解释,用词语及句子来自我解释,向不与我们从同一视角看待事物的他人自我解释。

随之,文本也参与到游戏中。这些串联起的句子如其名称所示,是编织方法[66],把话语编织成或长或短的序列。叙述就是上述序列中最引人注目的一种,于我们此处的讨论也显得尤为有价值,因为我们已

---

[66] 法文中的"文本"(texte)与"(纺织品的)织法、质地"(texture)及"编织"(tisser)是同根词。——译注

知，仅需变动编排情节（fable）[67]的方法，就总是能换种方式叙事。不过，还有其他类型的文本，在做些叙述以外的事情，比如说就像人们在道德、法律和政治领域里所做的那样，以论证为目的。这样的话，就有了随文体修辞如明喻、暗喻及其他手法而生的修辞问题，还有为不计其数的战略所服务的语言游戏，诸如单纯的说服性初衷也有可能为引诱、恫吓让道。

于是就有了翻译学中那些关于思想与语言、文字与精神间的复杂关系的论述，还有那个永无止休的问题：应该翻译意义还是翻译语言？从一门语言到另一语言的翻译所遭遇的所有窘境的根源都存在于语言的自身反思中，也让斯坦纳说出了"理解，就是翻译"。

然而，我终于说到了斯坦纳最坚持的那一点，这也险些让所有的事情都转到了与异的考验相反的方向。斯坦纳热衷于探索指向除真实、现实以外的事物的言语用法，他所指的不仅是显而易见的虚假——比如谎言（虽然说话就意味着能够撒谎、掩盖、造假）——而是所有人们可以归类于真实之外

---

[67] "fable"在当代法语中多做"寓言"讲，但其来自拉丁语"fabula"，可指文本中的故事、情节。——译注

的事物：诸如可能性、条件性、祈愿式、假设性、空想性。人们能用语言做的那些事，实在太疯狂了，而这个词在这里却很是合适：不仅可以用别的方法说同样的事，还可以说事情以外的别的事。在这一点上，柏拉图曾经——带着多么大的困惑！——说起诡辩家的修辞术。

不过，最能扰乱我们的话语秩序的并非这种修辞术：而是语言向着谜题、诡计、神秘、秘密，总之就是一切的非交流性靠近的癖好。随之而生的，就是我所说的斯坦纳的极端主义。受此驱动，斯坦纳憎恶闲谈、惯常用法及将语言工具化的倾向，他把阐释与沟通对立起来。"理解，就是翻译"这一公式因此封闭在自我同自我的关系中，幽居于隐秘之地，而我们又在此处见到了本以为可以借忠实／背叛的二分法逃离的不可译性。与我们重逢的不可译性恰在最极端的忠实之愿的轨迹之上。但是，忠于谁，又忠于什么？忠于语言活动抵抗出卖秘密的倾向并将之保守的能力。自此忠于自我而非忠于他人。的确，保罗·策兰的高明诗歌先是在自我语言的中心处，接着又在两门语言间的沟壑里接近不可言说、不可指明，又近乎不可译。

一系列的曲折之后，要得出怎样的结论呢？必须要承认，我自己也深感困惑。肯定的是，我倾向于以异者的大门作为首选入口。我们不都曾被人类多样性的事实及语间不可交流性／无论如何都存在的翻译这一双重谜题所驱使吗？而且，若是没有异的考验，我们还能感知到自身语言的诡谲之处吗？最后，没有了这场考验，我们是否可能会将自己封闭在独白的酸腐之中，只同我们的书籍独处？所以，我们要向语言的好客性致敬。

但是在另一面，我也看到了语言之于自我的工作。当我们面临外部翻译的困难时，不正是这项工作给我们提供了解决难题的钥匙吗？如果我们不曾涉足那些令人焦虑的不可言说的疆域，我们还能感知秘密，感知神秘的不可译性吗？而我们在爱情和友情里的那些最美好的互动，是否还能保有这种审慎的美德——秘密／审慎——让我们得以于近处保持距离呢？

是的，有两种着手思考翻译问题的途径。

一种"摆渡":翻译不可译

——致让·格莱士(Jean Greisch)

我的发言将围绕一则悖论进行:它既是翻译源起,又是翻译的效应之一。这一悖论即是一种语言中的字面讯息于某种程度上在另一语言中是不可译的。

1. 存在着最初的不可译,即作为起点的不可译,也就是语言的多元性。最好是仿效洪堡的例子,立时便提请人注意语言的多样性和差异性,毕竟这同时暗示着根源上的异质性,令翻译变为先验式的不可能。这一多样性影响了语言活动所有的操作层面:语音和发音上的切割(它是音位系统的基础);词汇切割(它将不同的语言对立起来,却不是字词与字词的对立,而是词汇系统对词汇系统,即处于同一词汇表中的字面意义以其相异或相近所构成的网络);句法切割(它能影响动词系统和一个事件在时间中的位置,另有表达连接与连贯的方式）。这还不是全部：语言之相异，并不止于其切割现实的方式，更表现在它们于话语层面重组现实的方式上。本维尼斯特在这一点上驳斥了索绪尔，观察到能指的语言的初级单位应是句子而非字词，毕竟我们方才提到语言间在词汇上的对立性。然而，句子却能以概括的方式将说话人、听话人、想要代指某件事物的讯息和指代物组织起来，而所谓"指代物"就是我们谈到的东西和我们说到的东西（总之就是某人按照符号所指的规则向另一个人就着什么东西说了什么东西）。在这个层面上，不可译性就更令人焦虑了；不仅是分割现实的问题，还有意义与指代物间的关系，即人们说出的东西同人们说到的东西间有着怎样的关系；整个世界中，句子都漂浮于人的身侧，仿佛无法捕捉的蝴蝶。这也不是全部，甚至不是最可怕的：句子是从较长的话语中摘取的短小话语，此处"较长的话语"指的是文本。译者很清楚这一点：我们的文本想要翻译的，是文本，而不是句子，也不是词语。至于文本，它们则从属于某些文化总体，其内部交织着不同的世界观。这些世界观甚至会在同一个语音、词汇、句法分割的基本系统内互相对抗，以至于将我们称为"民族文化"或"社群文化"的东西变成彼此间存在显性或隐性竞争的世界观所组成的网络；只要想想西方及它顺次带来的贡献就够了，希腊的、拉丁的、希伯来的，还有其彼此间有着竞争关系的、代表了不同的自我理解的时代，从中世纪到文艺复兴和宗教改革，随后有启蒙时代，有浪漫主义时代。

经以上思考，我认为译者的任务不是自字词而起，再到句子、文本，乃至文化总体，而应该是相反的次序：译者长久浸润在展示某一文化精神的大量阅读之中，是自文本而下，至句子和字词。最后一步，或者我们也可以说是最后的决定，就是在字词层面建起一份用语汇编；对用语汇编的选择是最后一重考验，某种意义上，翻译的不可能性最终于此结晶。

2. 我刚刚谈了最初的不可译。为了说到最后的不可译，也就是翻译造就的不可译，需得先说明翻译是如何操作的。因为翻译是*存在的*。我们一直在翻译：一直都有商人、旅人、使节、间谍，虽然语言社群是社会凝结和团体身份最基本的组成物之一，他们还是可以满足将人类交流扩展至语言社群外的需要。处于某一文化内的人也一直知道还有些外国人，他们风俗各异，语言不通。不过"异"一向是令人不安的：所以还有与我们不同的生活方式吗？翻译一直都部分地回答着这一"异的考验"的问题。它首先意味着一种好奇——十八世纪的理性主义者曾提问，要怎么做波斯人呢？我们都知道孟德斯鸠的悖论：想象波斯人是如何解读西方人、希腊-罗马人、基督徒、迷信之人和理性主义者的风俗的。正是在对他者的好奇之上，植入了贝尔曼《异域的考验》中所说的翻译欲望。

译者是怎么**做**的？我特意选用了"做"这个动词。因为译者正是凭着一门寻求理论的"所做"，跨越了由一种语言到另一种语言的非互译性所设置的障碍，这一障碍甚至也是理论上的先决否定。在之前的一篇文章中，我回顾了一些尝试，它们都想为原则上的不可能与翻译的实践中的两难之境提供理论解决方案：要么求助于原初语言，要么建立一门人造语言，翁贝托·埃科在《欧洲文化中对完美语言的追寻》（*La Recherche de la langue parfaite dans la culture européenne*）一书中回溯过这一历险。我不想再重复上述两种尝试终究失败的原因：重建原初语言时的任意性最终让其变得无处找寻。或许这就是个纯粹的幻象：对伪作历史的源头产生幻觉，对实际的人类处境绝望拒斥，但事实上生存的每个层面上都有多元性；至于多元性，语言的多样性就是其最能扰乱心神的体现：为什么有这么多的语言？答案：就是这样。用斯坦纳的书题来说，我们处在一个源自天定而非偶然的"后巴别塔"时代。至于作为完美语言的人工语言，除去没有人能成功将之写出来以外，也无法满足将基本想法彻底枚举和发明普遍且唯一的派生程序的先决条件，再就是预设的人工语言与带有个体特质与奇怪之处的自然语言间的差异无从逾越。差异之外，还有形形色色的语言在处理言说真实和言说真实以外的东西——也就是不可交流的东西，诸如可能性、非真实性、空想性，甚至是秘密性、不可言说性——间的关系时，会用不同的方式处理意义与指代物间的关系。每一门语言同秘密、隐藏、神秘和不可言说间的争辩都是最形象的不可交流，是最无可撼动的最初的不可译。

那么，他们是怎么做的？上一篇文章里，我试着替换掉令人瘫痪的"可译 vs. 不可译"的二选一，代之以"忠实 vs. 背叛"的选择，冒着承认翻译实践是件危险颇大且一直为自身寻求理论的事情的风险，试着找到一条实践中的通路。

此处，我想再谈一谈这个"承认"，以重申我所说的由翻译本身揭露并生成的不可译。忠实/背叛的两难之选是实践中的两难，因为并不存在某个能定义何为"好翻译"的绝对标准。绝对的标准只能是同一个意义，意义被写在某一个地方，既在原文和译文之间，也在二者之上。或者便是承载同一意义的第三个文本，按说理应从第一个文本流通至第二个文本。于是，在忠实同背叛间的务实二选一的遮掩之下，浮现了一个悖论：一个好的翻译也只能以假定的对等为目标，并非建立于可展现的意义的同一性之上，即无同一性的对等。我们因此可以将翻译工作系附于"无同一性的对等"的预设之上，而翻译工作最清晰的展现，就是我们曾于人类最伟大的文本处所见的重译事实，尤其是那些能够跨越上述因句法和文本分割系统间的不对等而产生的障碍的文本，比如说可以在希伯来文、希腊文和拉丁文之间，或是在印度的诸语言和中文间穿梭的文本。不过，即便是在某个文化场域内部，重译也从未停止，如《圣经》、荷马、莎士比亚或陀思妥耶夫斯基。这一工作可告慰读者，因为后者即便不使用这一语言，亦可接触外国文化的作品。但这对译者一方还有"忠实/背叛"的两难之选又意味着什么呢？贝尔曼在《异域的考验》中历数过德国浪漫主义者的冒险，他们作为最强的翻译欲望的持有者，为这一实践中的两难之境衍生出了无数版本，还试图用"把读者移动到作者的所在""让作者移动到读者的面前"之类的话语来抚平此类窘境。他们试图安抚的，是同时服侍异域中的异者及被同化欲望支配的读者这两位主人所导致的混乱。再加上建议放弃完美翻译的幻梦，承认自我与他者之间无可逾越的差异，以上也皆有安抚效用。而这里我想要重提的，就是这一承认。

借着"无同一性的对等"的表面谦虚之言，终究还是有一个条件被预设出来，那就是预先存在着一个意义。正如人们所说，翻译理当传达这一意义，带着模模糊糊的"重现"意味。对等只能被寻找，被打磨，被预设。

这一预设理应遭到质疑。在某个广阔的文化场域内，社群身份本身就形成于长期的交流之中，比如在印欧文化的场域中；又或者还有更明显的，在某些带有相似性的亚群体中，比如罗曼语族、日耳曼语族、斯拉夫语族，又或者是在对峙性的关系中，例如在一门拉丁语言和一门日耳曼（或盎格鲁-撒克逊）

语言之间。以上三种情况里，这种预设都是相对可接受的。换言之，对对等的预设似乎是可行的。但实际上，文化间的亲缘掩盖了对等的真正本质：它与其说是被翻译预设的，不如说是由其生成的。我想描述的现象就是翻译对对等的生成，此处我想参照一本与翻译并无直接关系，却能侧面展现这一现象的著作：马塞尔·德蒂耶那[68]（一位希腊学学者）的《比较无可比较》(Comparer l'incomparable)[69]一书。它反对的便是那句口号："我们只能比较可以比较的。"（参见该书第 45 页）于安托瓦纳·贝尔曼讨论"异的考验"的所在，德蒂耶那谈到了"无可比较的冲击"。他认为，无可比较令我们直面"最初的举止和最初的开始所蕴含的怪异"。

那就用这句话来描述翻译吧："建造可比物。"我在杰出的法国汉学家弗朗索瓦·于连[70]为古代中国与古代传统希腊间的关系所给出的解读中找到了一个颇

---

[68] 马塞尔·德蒂耶那（Marcel Détienne, 1935—　），比利时学者，希腊学与比较人类学专家。——译注
[69] Paris, Seuil, 2000.
[70] 弗朗索瓦·于连（François Julien, 1951—　），法国汉学家。——译注

具实用性的例子。他的论点是,中国是希腊的绝对他者。我不想对此加以讨论,只是当作论述中的假设。按这一论点,对中国的内在了解,等同于从外面、从外部对希腊式的思考及言说进行了解构。若是将这一观点推到极致,就是说中国与希腊之间在可想和可感上都有一道原生的"褶皱",一道我们无法从其上方越过的"褶皱"。所以,在他最近一本题为"论时间"[71]的著作中,于连主张汉语之所以没有动词形变以表示时态,是因为中国并无时间概念。这一概念由亚里士多德在《物理学》第四卷中提出,经康德在《先验美学》中重建,又借黑格尔的否定和扬弃思想得以普及。整本书的语式都是这样的:"没有……没有……但是有……"我想提一个问题:我们如何(用法语)来说中文里有的东西?不过,于连书里却没有用到任何一个中文词("阴阳"是唯一的例外!);他用的是法语,还是颇为优美的法语,来讨论时间的替代概念,如四季、时机、根与叶、源与流。借着这些,他建造了可比物。他建造的方式,和我之前所说的人们在翻译中所做的事并无不同:自上而下,从关

---

[71] François Julien, *Du temps*, Paris, Grasset et Fasquelle, 2001.

于"褶皱"之差异的宽泛直觉出发，经由文本，直下至词语。而对可比物的建造也最终表现为对词语汇编的建立。那我们又从我们的"希腊"语言的字词这里找到了什么呢？那些并无哲学运道的常用词汇，却借着翻译的效用脱离了惯常语境，被提升到对等的崇高地位，即著名的非同一性的对等。我们之前已经假定过这一对等是前置的现实，某种意义上来说，它是藏在某一处的，只待译者发掘。

翻译的伟大，翻译的风险：对原作的创造性反叛、译入语同样具有创造性的占有；建造可比物。

不过，在我们自己的文化所经历的数个时期里，不也发生过同样的事情吗？当"七十子"将希伯来文《圣经》译成希腊文时，把它变成我们所称的"七十子希腊文本"时，仅精通希伯来文的专家则可以对此从容批评。圣哲罗姆重蹈覆辙，用通俗本拉丁文《圣经》建起了拉丁文的可比物。但是，圣哲罗姆之前，拉丁语的使用者就已经创设了一些可比物，替我们所有人决定了"arêtê"要译成"virtus"，"polis"要译为"urbs"，"politès"需译成"civis"。若是仍继续《圣经》这一话题，我们亦可说路德凭着把《圣经》译成德文，或者是按他所说的那样面对着圣哲罗姆的拉丁文将《圣经》日耳曼化，不仅建造了可比物，还创造了德意志语言，而后者也是拉丁语的可比物，是七十子希腊文本的意大利语和《圣经》的希伯来文的可比物。

3. 我们是否已将不可译性坚守到底？不，因为我们已经借着建造对等，解决了对等的谜题。建造可比物甚至可以为双重的背叛背书，因为两位无法类比的主人已经凭着翻译-建造变为可类比。透过建造可比物，我们还看到了终极的不可译。这一建造是在"意义"层面上进行的。"意义"是唯一一个我们不曾评论的词，因为其本身就是被预设出来的。然而，作为整体的意义被从字词的血肉中撕扯出来，而字词的血肉便是"文字"。译者从中解脱，自是欢欣鼓舞，因着得以逃脱"字面翻译"的指控；字面翻译，不就是字对字的翻译吗？多么羞耻！多么粗俗！但是，以荷尔德林、保罗·策兰，以及《圣经》领域的梅肖尼克[72]为模范的出色译者，却对独立的意义提出了挑战，抗议剥离文字的意义、反对文字的意

---

[72] 梅肖尼克（Henri Meschonnic，1932—2009），法国诗人、翻译理论家。——译注

义。他们从意义对等的舒适庇护所中走出，在字词、韵律和韵脚间的音韵、味道、节奏、空白、安静等危险地带以身犯险。绝大多数译者可能是对此颇为抵拒的，或许是出于一种溃逃的心态，却没有意识到仅翻译意义，就意味着否认现代符号学的所得，否认意义与声音、能指与所指间的同一性。这一同一性与胡塞尔早期作品中的偏见背道而驰：意义在"授予意义"（Sinngebung[73]）的行为中获得圆满，但"授予意义"把表达（Ausdruck）当成身体外的衣服。事实上，这件衣服才是意义（Bedeutung）的无形之魂。后果就是，只有诗人才能翻译诗人。但如果贝尔曼还活着的话，我很想回应他——唉！亲爱的贝尔曼，他离开了我们，我们都很想念他——我想告诉他，他把文字层面上的建造可比物推进到了更深远的层次；这一推进建立在用德语说希腊文的荷尔德林和用法语说希伯来语的梅肖尼克令人不安的成功之上……所以，他发自内心想要推崇的"文字翻译"，不是字到字的翻译，而是文字到文字的翻译。但在他对意义到意义的对等的近乎绝望的批判中，他是否曾如自己想象的那

---

[73] 原意为"阐明""解释"。——译注

样远离对可比物的建造，或者说是远离文字可比物的建造呢？不可译总是无限再生，而与不可译的战斗也延续不绝，此一意岂非早已徘徊于《异域的考验》和《翻译与文字或远方的客栈》这两本相继问世的书周围了？

词汇对照表

有害的浪费 prodigalité néfaste

无同一性的对等 équivalence sans identité

语言的好客性 hospitalité langagière

话语 discours

欲言 vouloir-dire

语言 langue

言语 parole

1809—1810 年《诠释学手稿》*Herméneutique générale de 1809-1810*

预置理解 pré-compréhension

欲表 vouloir-exprimer

先决反对 objection préjudicielle

义素 sémantème

语言活动 langage

存在于世 être-au-monde

被言说之物 être-à-dire

言说 dire

工作 travail

抵抗 résistance

基础词 Grundwörter/maîtres-mots

表象 Vorstellung

扬弃 Aufhebung

此在 Dasein

本有 Ereignis

对应 correspondance

对等 équivalence

近似化 approximation

启蒙运动 Auflärung

分散 dispersion

混乱 confusion

语言活动的自省性 la capacité réflexive du langage

通用表意文字 caractéristique universelle

陌生人 der Fremde

非互译性 intraductibilité

先验美学 L'esthétique transcendante

否定 le négatif

授予意义 Sinngebung

表达 Ausdruck

意义 Bedeutung

译名对照表

新教神学院 Institut de théologie protestante

让·格莱士 Jean Greisch

《现象学通论》 *Idées directrices pour une phénoménologie*

战俘营 Offlag

德国国防军 Wehrmacht

乔治·斯坦纳 George Steiner

施莱尔马赫 Schleiermacher

狄尔泰 Dilthey

让-勒内·拉德米拉尔 Jean-René Ladmiral

伽达默尔 Gadamer

阿那克西曼德 Anaximandre

马尔克·德·洛内 Marc de Launay

DVA 基金会 la Fondation DVA

德意志出版社 Deutsches Verlagsanstalt

法德翻译奖 Prix franco-allemand de Traduction

安托瓦纳·贝尔曼 Antoine Berman

弗朗兹·罗森茨威格 Franz Rosenzweig

《巴门尼德篇》*Parménide*

拉古-拉巴尔特 Lacoue-Labarthe

唐纳德·戴维森 Donald Davidson

E. 萨丕尔 Edward Sapir

B. 李·沃尔夫 Benjamin Lee Whorf

莫里斯·奥朗戴 Maurice Olender

《天国的语言：雅利安人与闪米特人——天作之合》
Les langues du Paradis：Aryens et Sémites：un couple providentiel

翁贝托·埃科 Umberto Eco

《欧洲文化中对完美语言的追寻》*La recherche de la langue parfaite dans la culture européenne*

乔姆斯基 Noam Chomsky

保罗·博尚 Paul Beauchamp

安德烈·舒拉基 André Chouraqui

汉娜·阿伦特 Hannah Arendt

《人的境况》*Condition de l'homme moderne*

汉斯－克里斯朵夫·阿斯卡尼 Hans-Christoph Askani

皮尔士 Pierce

索绪尔 Saussure

本维尼斯特 Benveniste

雅各布森 Jakobson

哈拉德·魏因里希 Harald Weinrich

姚斯 Jauss

马塞尔·德蒂耶那 Marcel Détienne

《比较无可比较》*Comparer l'incomparable*

弗朗索瓦·于连 François Julien

《论时间》*Du temps*

附　录
本雅明《译者的任务》

译者导言

本篇译文以本雅明的德语原文为准绳,参考了布罗达(Martine Broda)的法译本和伦德尔(Steven Rendall)的英译本,同时受到佐恩(Harry Zohn)英译本(1999年修订版)及冈迪亚克(Maurice de Gandillac)法译本的滋养。全文分为12个自然段,每段大意如下。

*

1. 艺术作品并不因欣赏它的"人"(Menschen;homme; human beings)[1]而存在。"没有一件艺术作品的关注点在人的身上。的确,没有哪首诗为读者

---

[1] 导言中引用的关键词均用括号的形式标出德语原文,同时依次给出相应的法语和英语。其中法语部分多来自布罗达译本,英语部分多来自伦德尔译本。

体现价值，没有哪幅画为观者体现价值，没有哪部交响乐为听众体现价值。"任何艺术理论，一旦将"人"设定为接受者，就会造成严重误导，这是因为："人"不过是一种"'身体'和'精神'上的存在"。中世纪神学家托马斯·阿奎纳将生命从低到高分出如下层级：植物、动物、人类、天使和上帝。其中，植物有身体，无感官；动物有身体，有感官，无理性；人类有身体，有感官，有理性；天使没有身体，没有感官，却有一步到位的智慧；上帝作为一切的创造者和主宰，全知全能，永远存在。本雅明认为，人因其"身体"而有"感官"，因其"精神"而有"理性"，却不过是一种"中等"存在，不配成为伟大艺术的理想接收者。

*

2. 所有以"交流"为目的，或为了传递"文学性"的翻译，都是坏翻译。"交流"（vermitteln；transmettre；transmit）一词中蕴含了一个"信息"（Mitteilung；message；message），而"信息"针对的是"人"，"交流"的目的是为了让不懂外语的"人"看懂原文的"信息"，因此并不高级。同样道理，如果译者试图传递的是"难以把握、神秘莫测、富于

'诗性'的东西",也无非是想把所谓的文学之美呈献给作为"人"的读者,同样落入了下乘。汉语里所谓"信、达、雅"的翻译原则,本雅明通过否定"交流"而拒绝了"达",又通过否定"文学性"而摒弃了"雅",剩下的,便只有"信"。"信"即"忠实";那么,忠实于什么呢?

*

3. 翻译是一种"形式",译者的使命在于接近那个已经被遗忘了的语言"原型"。在巴别塔神话里,上帝用变乱的语言离间了人类,纯语言分裂成世间的不同语种;但同时,神也预设了语言和语言之间的"可译性",以冀人类将已经散落的碎片重新拼接起来。本雅明认为,作为一个"或然性"(problematisch;problématique;problematic)问题,伟大的作品未必能在当下找到胜任的译者,而作为一个"必然性"(apodiktisch;apodictique;apodictic)问题,它一定在呼唤着译者——我们不能因为找不到称职的译者而否定原文对译文的渴望。不过,翻译是一种"形式"(Form;forme;form)。在柏拉图的语境下,大写的"形式"即本体世界中的"理型"。根据著名的洞穴之喻,"理型"是万物在本体世界中亘古不变的理想模式，而人类生活在一个虚假的洞穴中，目之所见，不过是真实世界的洞中映射。语言的"理型"，就是本文所谓的"纯语言"。柏拉图认为，人的灵魂本来源自理型世界，而它一旦附着于某个身体，便意味着进入洞穴，同时忘记包括纯语言在内的所有完美理型。不过，当人看到世间的各种语言形式，灵魂就会搅动记忆，隐隐想起曾经见过的那个完美语言，即本雅明所谓"忘不了的生命或瞬间"。这一过程，柏拉图称之为"灵魂对于不朽的回忆"[2]，那是一种回归本源的欲望。当然，在本雅明看来，本体世界，即是神的世界，所谓灵魂回忆，当有神的身影。"剩下的事情，就是评估语言构造中所包含的可译性……"在这里，德语的"构造"（Gebilde）和动词"形成"（bilden）在词根上相互呼应，而小写的"形（式）"，正是理型语言在世间的各种变体。因此，在某种程度上，"构造"即"形 / 成"。

*

4. "可译性"是一种先天存在，历史是指认

---

[2] 德语叫作 Reminiszenz（法语：réminiscence；英语：reminiscence）。

生命及生命延续的唯一凭证。"一篇译文再好，也永远不能在意指方面替代原文"，在这里，"意指"的德语原文bedeuten反不如布罗达法译本中的signification[3]以及伦德尔英译本中significance更能体现本雅明的本意。以法语为例，所谓"意指"（signification），及其动词signifier和另外两个同根词"能指"（signifiant）、"所知"（signifié），均包含了一个"符号"（signe），而符号所针对的，无非是在生命层级中并不高级的"人"。比起原文，任何优秀的译文在意指方面都必定有所缺失，原文和译文之间的真实关系，是一种"生命的关联"（Zusammenhang des Lebens；corrélation de vie；vital

---

[3]《译者的任务》虽以德文写就，其法译本却尤为重要。本雅明是纯语言的信仰者，他相信上帝在用语言离间人类之际，也在世间诸语中埋下了纯语言的种子。结果是，正像他在本段中指出的那样，"原文的某种固有含义是在可译性中显现出来的"。法语是本雅明的"第二母语"，他的部分作品（包括自杀前的遗言）是用法语写的；本雅明在创作德语文本时会下意识联想到法语，甚至某些段落最初的构思或是在头脑中用法语完成而在落笔时才自译成德语的。在这种情况下，一个合格的法译本与其说是一种"语言转换"，不如说是一种"思想还原"，作为一个虔诚的弥赛亚信仰者和重度的抑郁症患者，本雅明认为"行内对译本是任何翻译的原型或理想"，而对他本人翻译思想的解读，也非此不能全面而立体。

connection）。那么，如何认定这种生命的关联呢？本雅明认为，人除了"简单的有机肉身"，还有所谓的"灵魂"（Seele；âme；soul）。因为有"肉身"（Leiblichkeit；corporalité；corporeality），所以人有"感官体验"（Empfindung；sensation；sensation）；因为有"灵魂"，所以人有"理性思辨"。众所周知，亚里士多德的"感官"和柏拉图的"理性"贯穿了整个西方哲学史，构成了在认识论方面几乎可以说是非此即彼的两条途径。然而，本雅明在这里抛弃了"感官"和"理性"，转而拥抱"历史"："应从历史（Geschichte；histoire；history）……出发最终划定生命的辖域。"事实上，本雅明秉承的历史观带有强烈的德国浪漫派烙印。不应忘记，本雅明于1919年完成了他的博士论文《德国浪漫派的艺术批评概念》，德国早期浪漫派的思想早就浸淫在他的血脉之中。1908年，德国学者里卡达·胡赫（Ricarda Huch）出版《论浪漫派》，书中对浪漫派历史哲学所遵循的三段论做出了清晰的总结：1. 世界起始处于太一（das Ureine）或单一（Monotonie）状态；2. 发展到一定阶段就必然发生巨大的分裂，产生不和谐（Disharmonie）；3. 最后世界大同，回复到高层次上的同一,即和谐(Harmonie)阶段[4]。对本雅明而言,这种"合→分→合"的逻辑与其说是历史观,不如说是一种信仰,因为造成这一切的,正是神的伟力。本雅明认为:只有"弥赛亚"才能补救、完成和创造历史;上帝之国是历史运动的终点[5]。弥赛亚信仰决定了本雅明对犹太教义及世俗社会的理解方式,也体现在他对未来语言的预感和认知之中。他的语言三段论是:在巴别塔时代之前,神和人类共同操持着独一无二的纯语言(合);人类建造巴别塔,神用诸语离间了人类(分);译者的任务是通过直译努力接近物之本体,"直至其作为纯语言从所有意向瞄准方式的和谐交融中重现于世"(合)。以历史指认生命,如果需要认定的是"创造物的生命延续",势必无比艰难[6],而在译文中实现原文的生命延续却容易得多,同时也不失为弥赛亚信仰令人惊喜的证据。

---

[4] 参见李伯杰,《德国浪漫派批评研究》,收入《外国文学评论》第3期,1994年。
[5] 参见本雅明,《神学-政治学的残篇》。
[6] 在柏拉图的洞穴之外是否存在一个神明所驻的本体世界,只有在灵魂脱离肉身的情况下才可验证。1940年,本雅明在西班牙的一个边境小镇自杀,动机不明,有一种可能是:他最终还是选择了用最极端的方式来探究人在脱离肉身后是否存在所谓的生命延续。

"伟大艺术作品的历史见证了它们从源头起的代代相传，见证了它们在艺术家所处时代中的成型……"所谓"成型"（Gestaltung；formation；shaping），正是诸语在不同历史时期所呈现的特殊而不完美的形态，而本雅明相信，在译者的努力下，各种形态必将在历史运动的终点合为一体，重新成为大写的原型。

*

5. 排除历史性，诸语想说的内容在先天上是相互关联的，翻译的终极目的在于表达诸语之间最为内在的关系。不可否认，神用语言疏远了人类，但上帝造语既成，翻译便应运而生。与本雅明同时代的犹太学者、《圣经》翻译家、哲学家罗森茨威格说："所有语言实际上是一体的……翻译可以、可能乃至必须基于所有语言的一体性之上。[7]"贝尔曼指出，关于翻译，罗森茨威格和本雅明的基本观点是一致的，只不过，本雅明的立论更为彻底[8]。罗氏的神学观主要体

---

[7] 参见 Naomi Seidman, *Faithful Renderings: Jewish-Christian Difference and the Politics of Translation*, Chicago & London, The University of Chicago Press, 2006, p.156。转引自周晔，《本雅明翻译思想研究》，上海译文出版社，2011，第 164 页。

[8] 参见 Antoine Berman, *L'âge de la traduction*, in Martine Broda, *La Traduction-poésie à Antoine Berman*, Dijon-Quetigny, Presses universitaires de Strasbourg, 1999, p.12。

现在他的著作《救赎之星》里。他认为，宗教的三个要素是上帝、世界和人，其三角关系是：上帝创造世界，上帝启示人，人救赎世界——前两步是共时的，最后一步是人对世界的拯救，这时上帝不再参与。（如图1）此说当然是对现代科学进逼宗教的回应：尼采说"上帝死了"；罗森茨威格则说"上帝走了"。而本雅明认为，"翻译的终极目的在于表达诸语之间最为内在的关系"——这种关系，译者不能"启示"（offenbaren；révéler；reveal），因为那是神对人的行为，不能"创造"，因为那是神对世界的动作；然而，在神缺席的时代，人却可以通过翻译，试图将世间诸语拼接成纯语言，与巴别塔时代遥遥相望，完成对世界的"救赎"。

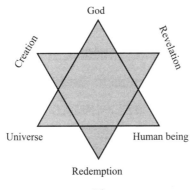

图1

*

6. 译文和原文，体现的是诸语之间的"亲缘性"，而非"相似性"。"相似性"指的是"意义"的高度重合，"亲缘性"则意味着"形式"的彼此对接和补充。在历史进程之中，外语会变，母语会变，伟大文学作品的调式和含义也会变。翻译犹如生育，其"独有的形式在于指出异国言语的大器晚成及本国言语的分娩痛苦"，贝尔曼在《翻译与文字或远方的客栈》中甚至更进一步，用到了"字面翻译必然强奸母语"[9]这样刺眼的表达。母语是一个"正题"，外语是一个"反题"，而新生的语言既非外语，也非母语，而是一个如婴儿般的崭新"合题"。异域的考验，自身的获成，每种语言形式的诞生，都意味着向历史运动的终点又迈进了一步。

*

7. 诸语之间的亲缘性体现在"词语"之中。本节的关键词 Intention 来自拉丁语的 *intendere*，柏拉图在《克拉底鲁篇》中把它比作"瞄向"某种

---

[9] 参见 Antoine Berman, *La Traduction et la Lettre ou l'Auberge du lointain*, Seuil, 1999, p.105。

东西的"弓箭"。我们将 Intention 译成"意向"而不是"意图""意象""意念"等,是因为这个词强调的是一种"有方向"的思想。本雅明指出,需将"意向"中的"意向所瞄对象"和"意向瞄准方式"区别开来。"意向所瞄对象"的德文表述是 das Gemeinte,有趣的是,将其译成英语,意思反而更加清晰:intended object——intend 作为 intention 的动词形式,在英语里自有"打算、想要、意指"之义,而德语中的 Gemeinte 在词形上与"意向"(Intention)无关,反而差了一层意思。本雅明在本文第 4 节中指出"原文的某种固有含义是在可译性中显现出来的",贝尔曼也在《异域的考验》中说"原文本未能把原语言中显现出的某种东西显现出来。翻译让原文本转动,展现出它的另一个面向"[10];此处的德语英译 intended object,不啻为原文的隐性含义在译文中变成显性的一个有趣例证;而布罗达的法译本译成 ce qui est visé,虽然没有英译那样浑成,但 viser 的意思本来是瞄准,暗

---

[10] 译文参见《异域的考验》,第 11 页;原文见 Antoine Berman, *L'épreuve de l'étranger*, Paris, Gallimard, 1984, p.20。

示的是柏拉图的"弓箭之喻",也比德文多了一层内涵。事实上,本雅明所谓的"意向瞄准方式",指的是世间诸语,而"意向所瞄对象",则是柏拉图本体世界中万物之"理型"。本雅明以德语中的Brot和法语中的pain为例,指出"就意向瞄准方式而言,对于德国人和法国人来说,这两个词意指的是两个截然不同的东西,它们不可互换,甚至归根结底,还有相互排斥的倾向"。这里的"意指"正是我们在第4节中讨论过的bedeuten(法语:signifier;英语:signify),它与"符号"(法语:signe;英语:sign)有关,而后者的目标是在人与人之间进行并不高级的"交流"。因此,在有"人"在场的情况下,Brot和pain所意指的,不过是洞穴里并不完美的"德国面包"和"法国面包";然而,一旦排除"人"的存在,将"这两个词绝对地考察起来",它们的"意向所瞄对象"就变成了本体世界中以理型方式存在的完美面包。这个完美的面包,世间任何孤立的语言都只能"瞄准",而只有作为"各种语言互为补充的意向之和"的纯语言,才能"命中"(erreichen;atteindre;attain)。

＊

8. 在纯语言重现于世之前，世间诸语以及任何翻译，都是一种权宜之计。"对于'异'，无时限、非权宜、刹那终极的解决方法，人类尚无法企及，或者说，人类毕竟还不能在脱离媒介的情况下得道。话说回来，成长中的宗教变成了媒介，催熟一种更高层次的语言深藏在诸语之中的种子。"在这里，"脱离媒介"的德语原文 unmittelbar 本来的意思是"直接的、立刻的"，相当于法语中的 immédiat，或英语中的 immediate，但无论德语、法语还是英语，这个词都可以拆解成"没有（un; im; im）媒介（Mittel; média; media）"。伦德尔的英译本将 unmittelbar 译成 directly，而将后面的 mittelbar 译成 indirectly，少了"媒介"的意思，并不妥当。事实上，所谓"媒介"，就是世间诸语。道可道，非常道，名可名，非常名，而终极真理不可言说。《西游记》里，如来给师徒四人的"无字"书才是第一流的真经，只因俗人不懂，才给了后来的有字经文。在佛教史上，大众部自恃高远，认为"佛一切时不说名等，常在定故"（《异部宗轮论》），即释迦牟尼说法45年，只是佛之报身给智浅福薄的世人造成的幻觉，佛的法身在定，其实什么都没说。当然，红炉片雪、刹那成佛的境界毕竟太过高远，凡人可以企及的，还是老老实实地读那些有字经文，而译者的任务即在于此。在本雅明眼里，成长中的宗教变成媒介，凭借的当然是后文所谓的"圣典"在世间诸语中的各种变体，它们尽管"无法指望自身作品之恒久，却也并不拒绝向着任何语言拼接最后的、终极的、决定性的阶段靠近"。本节中"意涵"的德语原文是 Gehalt。德国神学家田立克（Paul Tillich）将意义概括为形式（Form）、内容（Inhalt）和意涵（Gehalt）。其中，"意涵"具有先在性和终极性，田立克经常用来交替指代"意涵"的其他术语还有"终极意义"（ultimate meaning）、"深度内容"（depth-content）、"实质"（substance）等。在美学领域里，"形式""内容"和"意涵"也许可以粗糙地对应中文的"形""义""神"。伦德尔的英译本将 Gehalt 译成平平无奇的 content，布罗达的法译本处理得稍好，译成 teneur（内容、含量），也有法国学者建议直接译成"不可译之物"（ce qui n'est pas traduisible）。接下来是本文最著名的比喻之一：意涵和语言就好比果实与果皮，在原文里，两者严丝合缝，而在（直译的）译文语言里，"语言却像一件大褶王袍一样包裹着意涵……不合时宜、牵强迥异"。在语言形式上，直译当然死板而僵硬；然而，译文中的意涵已非原文模样，它"意味着一种超越了原文意涵的语言"，实是前文所谓"原文的某种固有（隐性）含义"在译文中的显性展现。接下来，本雅明为译者正名，将译者的重要性置于作家之上。"翻译也将原文嫁接在一块——不无反讽地说——更富终极性的土地上……"在传统观点看来，原文自然比作为其复制品的译文更富终极性，而本雅明认为，翻译高于创作，是因为它更好地见证了艺术品的"生命延续"；所谓"反讽"，意味着浪漫派诸子先知先觉，意识到翻译的历史［法语中"历史"一词（histoire）也有"故事"的意思］或被一个大写的作者所操控。的确，他们"作为译者的作品依然可圈可点，且无不伴随着这种形式带来的某种本质感和尊严感。一切迹象表明，这种感觉在作家身上并未表现得最为强烈；而且，或许正是作为作家的后者，为这种感觉留下了最小的空间"。在这里，"这种形式"指"翻译"。"圣典"译者多少有一些传递神意的尊严感（Gefühl von der Würde；sentiment de la dignité；sense of the dignity），原创性的作者却认为传递的是"己意"。然而，文章本天成，妙手偶得之。贝尔曼在《翻译及其论述》中发明了一个法语新词：traductivité

(翻译性),意思是"文本本身就是一种翻译工作"。浪漫派诸子毕竟不是真的先知,他们未必想到:灵感(inspiration)也许是上天的启示,所谓原创,也未尝不是神意的"翻译"。

*

9. 译文中新生的意向呼唤原文的回声,与之形成共鸣。"翻译并不能和可以说是在语言的山林内一扎到底的作品等同视之;它置身其外,面对山林,并不穿入,却在自己的语言里能屡试不爽地激起异语作品回声的寥寥几个地方呼唤着原文。"换言之,译文在语言的山林外呼唤原文,创造性的文学作品则要扎入山林内探险。"山外回声"与前面的"大褶王袍"是《译者的任务》中两个著名的比喻,有趣的是,半世纪后,法国的梅肖尼克和贝尔曼作为本雅明的理论传人和忠实拥趸,在自己的翻译哲学中各借其一:"小梅"得其声(忠实于节奏:fidélité au rythme),"小贝"得其形(忠实于文字:fidélité à la lettre)。不过,借用"回声"的意象,如果说法国的"小梅"和"小贝"是本雅明的理论回声,那么由上追溯,这篇《译者的任务》也不啻为更早的一位法国哲学天才——马拉美的回声。在某种程度上,法国的浪漫主义是对德国浪漫派的误读，象征主义却是对德国浪漫派的回归。"诸语的不完美是因为多样性，至高无上的语言并不在场：思考是无须道具和耳语的写作，而不朽的言语依然是沉默的；在人世间，民族语言的多样性使任何人都无法喊出本可在弹指间物化为真理的词句。"原文中，马拉美的这段引文以法语的形式出现，并未译成德文，究其原因，或许是本雅明认为这段文字不可翻译，或者是他并不在乎德语读者是否读懂。"民族语言的多样性"是后巴别塔时代人类必须面临的悲剧。翻译即叛逆，世间的语言一经说出，就立刻产生偏差，继而引发诸多误会。人类一思考，上帝就发笑；人类一表达，神就笑得更厉害。对语言局限性的担忧也见于东方经典。据巴利藏："我欲讲解其中妙理，恐闻者不能领会，岂非扰攘徒劳？"据《弥沙塞部和醯五分律》卷十五，世尊成佛后，如是思维："我所得法，甚深微妙，难解难见，寂寞无为，智者所知，非愚所及。众生乐着三界窟宅，集此诸业，何缘能悟十二因缘甚深微妙难见之法！又复息一切行，截断诸流，尽恩爱源，无余泥洹，益复甚难！若我说者，徒自疲劳。"可见，在成佛之初，释迦牟尼对语言是否能表达佛法，也是有所怀疑的。马拉美正如他的后辈本雅明，心中充满对原型语言的浓烈乡愁，而这种语言"本可在弹指间物化为真理"。当可想见，在浪漫派的理想中，纯语言一旦重新降临，那就是"要有光，于是便有了光"。

*

10. 在翻译中，意义的复原要让位于直译，即以词为单位进行句法的直接转换。《译者的任务》中第三个著名比喻见于本节："正如一个陶瓷的碎片，为了重新拼接在一起，必须在细节上严丝合缝，却不必彼此相像；翻译也一样，与其模拟原文的意义，不如满怀爱意，把原文的意向瞄准方式纤毫不爽地并入自己的语言，就这样让原文和译文像同一个陶瓷的两块碎片那样，成为一种更大的语言的残片。"纯语言本来是一个完整的陶瓷。在巴别塔时代，神为了离间人类而变乱了语言，陶瓷破裂，碎片散落世界各地，成为世间诸语；而译者的任务，就是将陶瓷的碎片重新搜集、拼接起来，具体而言，便是要在句法上进行直译。"译者的初始要素是词语……句子是墙，直译是拱廊。""词语"的德语原文是 Wort，它和英语里的 word 一样兼有"道"的意思（法语的"词语"和"道"是不同的两个词，即 mot 和 Verbe，所以不可能译得传神)。这里,"拱廊"(Arkade;arcade;arcade)也有其神学含义,因为廊柱正是上帝最有名也最传统的象征之一:Columna est Christus(拉丁文:基督就是廊柱)。在文艺复兴时期,有许多画家用"拱廊"来表现基督的"道成肉身"(Incarnation)。比如在意大利画家安布罗焦·洛伦泽蒂(Ambrogio Lorenzetti)的"天使报喜图"(Annunciation)中(见图2),迦百列对圣母说:"上帝(Dieu)即圣言(Verbe),上帝无所不能。"(Rien n'est impossible à Dieu qui est tout verbe.)

图2

画面中,上方的廊柱和金黄色的背景融为一体,凡夫的肉眼难辨,而再往下走,就到了用"透视法"画出的"可测"地界,廊柱变成了不透明的实体(圣母的裙角被它遮住)——这正是"道成肉身"的形象表现[11]。而在本雅明看来,译者也应该让自己的翻译像拱廊一样成为"道成肉身"的场所,以图喻之:廊柱的上半段,是"无时限、非权宜、刹那终极","可在弹指间物化为真理"的纯语言,再往下走,就变成了"可识别""可公度"[12]"可翻译"的世间诸语。

*

11."所征"作为纯语言的内核,存在于诸语的未来。有两种势如水火的语言观贯穿了西方哲学史,我们可称之为"太初有道说"和"约定俗成说"。"太初有道"即巴别塔神话,源自犹太教圣典,时间可

---

[11] 关于"道成肉身"的问题,法国艺术史学家阿拉斯(Daniel Arasse)在《绘画史事》第五讲"透视法和《天使报喜图》"中有详细论述。
[12] "可公度性"取自拉丁文 commensuratio。该词本是天文学术语,文艺复兴之后渗透到其他领域,指的是利用数学模式反映事物本身或相关事物之间所隐含的周期性规律,它体现了自然界能被人认识的一种秩序。在罗森茨威格的语境下,"可公度性"是神为了"启示"人类而在自然界留下的密码,目的是让后者在神明缺席的世间通过这把数学的钥匙实现自我"救赎"。

以追溯到公元前一两千年。公元前四世纪，亚里士多德提出声音和意义之间的任意性，几百年后，奥古斯丁丰富了符号理论，对"太初有道说"构成了挑战。文艺复兴以降，犹太教神秘哲学发展出"亚当理论"，强调根据《圣经》来探讨诸语起源。十七世纪，英国哲学家约翰·洛克对亚当理论进行了批判，认为语言是人特有的，是约定俗成的。十八世纪，英国人威廉·琼斯通过对比拉丁语、希腊语、梵语和波斯语，发现诸语之间存在相似性，提出原始印欧语的假说；不久，德国浪漫派奠基人之一施莱格尔响应威廉·琼斯的假说，主张重建原始印欧语；随后，洪堡正式提出从"历史比较语言学"（又称"历史比较语文学"）的角度恢复"亚当理论"。1916年，索绪尔的《普通语言学教程》在日内瓦出版，试图用"结构主义语言学"恢复洛克传统，为"约定俗成说"摇旗呐喊[13]。本雅明读后，不能同意，遂于

---

[13] 后来，"历史比较语言学"和"结构主义语言学"之间的竞争甚至波及欧洲的佛教研究，具体体现为"原始佛典说"和"共时多语说"的对峙。——从某种程度上，这也是"德国传统"和"法国传统"的对峙。季羡林于1956年、1958年和1984年先后发表三篇文章论述原始佛教的语言问题，可视为"历史比较语言学"在印度学领域内的中国回声。

1923年发表了这篇《译者的任务》，旗帜鲜明地反对索绪尔。"在任何语言及语言构造中，都有某个凌驾于可交流物之上的不可交流物，该物根据被命中时的语境，体现为能征或所征。"在这里，本雅明的"能征"（Symbolisierende；symbolisant；symbolizing）/"所征"（Symbolisierte；symbolisé；symbolized）和索绪尔的"能指"/"所指"针锋相对，不啻为"太初有道说"和"约定俗成说"在二十世纪初的又一次交锋。"能指"/"所指"的词根是以"人"为对象的符号（signe），"能征"/"所征"中包含的是"象征"（symbole），而法国象征主义者的宏大愿景，正是用诗的方式进入柏拉图的本体世界。"能征仅存在于诸语既定的构造之中，而所征存在于诸语的未来。"神造诸语之际已经预设了它们的可译性，也就是说，每种语言中都有一颗纯语言的种子（能征）等待译者去发现和催熟。"……将能征变为所征，在语言运行中重新找出组织严密的纯语言，这便是翻译雄辩而独有的能力。"索绪尔的语言学是"共时的"，本雅明的语言学是"历时的"。"能征"是一种不断向着纯语言靠拢的"动态"语言，而"象征"之为动词，处于"瞄准"和"命中"之间。在本雅明看来，"象征"关乎物之本体,索绪尔的"意指"却只针对"意义",相差不可以道里计。不过,本雅明也并未完全否定"意义":"意义在这里蕴藏着怎样的含义,不妨用一个比喻加以说明。就好比切线仅在唯一的一点和圆形一触即离;是这一接触而非切点,给了切线作为直线无限顺延的法则;同样道理,翻译仅在一个意义无限小的点上和原文一触即离,为了按照语言运行自由中的忠实法则以最贴近的方式顺延下去。"这是《译者的任务》中最后一个,也是最难理解的比喻,我们需要用两张图来加以解释(图3、图4)。从上方看,巴别塔的截面呈现出一个圆形,每位建塔者都占据了圆上的某一个点,此时大家语言相通,能够交流。上帝变乱语言的那一刻,圆上的每点之间突然变得陌生。

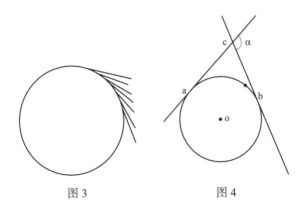

图3　　　　　　　图4

以图 4 中的 a 点为例，站在 a 点上的建塔者，从此和圆上除 a 以外的任何一点都失去联络，也不再能和圆上的其他人交流，他的语言由此变成了一条切线。我们把这条线称为"切线 A"，它代表了世间诸语中的一种（语言 A），a 点是这门语言和纯语言唯一的一点关联。现在，我们把语言 A 翻译成语言 B，切线 A 和切线 B 之间有一个交点 c，并形成了一个 α 角。本雅明主张，译者要"以词为单位进行句法的直接转换"，把语言 A 翻译成语言 B，需使切线 B 在语言形式上无限贴近切线 A。换言之，要让 α 角的度数无限变小；这样的操作，或可称为"贴译"。我们可以想象：当切线 A 不变，α 角的度数越小，切线 B 和圆的唯一交点 b 也就离 a 点越近；如果 α 角的度数接近于 0，a 和 b 就是这个圆上距离无限接近的两个点。所谓 a 点，换成本雅明语言学上的表述，便是"纯语言的种子""意涵""能征"或"本质核"，它是世间诸语和纯语言之间唯一的关联，是后巴别塔时代被迫流放的人类怀念神明的最后一点儿念想。不过，当我们把语言 A 用本雅明的方式"贴译"成语言 B，那么一点儿念想，就变成了比邻而居的两点念想，也就是说，唯一变成了唯二。多出来的 b 点，正是本雅明所谓仅在"译文"中出现的某种固有含义,也即贝尔曼所谓"文本的另一个面向";这个"含义"或"面向",在原文中是隐性的,却在译文中变成显性。我们以同样的方式引出切线C、切线D、切线E、切线F……每多出一条切线,便会多出一个念想。当切线足够多,也许就能隐隐看见最初的那个"圆"——"贴着"原文画出尽量多的切线,集世间诸语之力来"拥抱"纯语言,这正是译者义不容辞的任务(图3)。本雅明一生抑郁,在神明缺席的世界里近乎绝望地颠沛流离,不难想象,如能用贴译的方式使圆重现,那将是何等的治愈。

*

12. 圣典的行内对译本是翻译的最高理想。在本雅明看来,能接近这个理想翻译境界的是荷尔德林。"在那里,语言之间如水乳交融般和谐,以至语言之风只以风弦琴的方式触及意义。荷尔德林的译本为它们的形式提供了原型;哪怕之于同一文本的多个最圆满版本,它们也好像原型之于模型一样,将荷尔德林和博尔夏特就品达《皮提亚颂歌第三首》的译文两相对照,便一目了然。""那里"指的是荷尔德林翻译的索福克勒斯悲剧,"语言之间"指的是原文和译文。"原型"（Urbild；Archétype；prototype）一词源于古希腊语的 ἀρχέτυπος，其中 ἀρχε- 的意思是"初始的"，而 τύπος 原指模子留下的痕迹。与"原型"相比，"模型"（Vorbild；modèle；model）则差了一个等级，借用本雅明的"面包"之喻："原型"存在于神话，是本体世界中的理型面包；"模型"则存在于洞穴，它不过是人世间面包中的个别"典范"（因为比较接近理型面包）。在本雅明看来，荷尔德林是原型，博尔夏特是模型，也就是说，后者是人中翘楚，而前者却已封神。"正因如此，任何翻译都先天携带的骇人风险在这里比别处更具威胁力：一种被如此拓宽、如此控制的语言，它的大门砸下，将译者囚于沉默的樊笼。""骇人风险"指的是译者隐身，被纯语言的光芒掩盖、遮挡，同时也呼应前文："真正的翻译是透明的，它不掩盖原文，不遮挡原文的光芒，却使宛如被翻译自身的通灵之气所加强的纯语言充分地降临于原文之上。"译者要隐身，要沉默，不可挡住神的光芒。如《圣经》中言："第一要紧的，该知道经上所有的预言，没有可随私意解说的；因为预言从来没有出于人意的，乃是人被圣灵感动说出神的话来。"（彼得后书，1：20-21）"在某种程度上，所有的伟大文字都在字里行间包含了它们的潜在译文，尤以圣典为甚。圣典的行内对译本是任何翻译的原型或理想。""圣典"指犹太教经典《塔纳赫》，大致相当于基督教《圣经》中的"旧约"部分。"行内对译"的意思是：在"圣典"中，"大写的行"系由世间诸语所写的"小写的行"构成，它们按照本雅明的方式贴译而成（以词为单位进行句法的直接转换），宛如上图中的一根根切线，由中得窥的，正是本雅明梦寐以求的那个最初的"圆"。

《译者的任务》的翻译工作共花了10年时间（2003—2013），从初稿完成到正式出版又经历了9年（2013—2022）。这是我翻译生涯中的珠穆朗玛，也是本人翻译能力的极限。本雅明是忠实的弥赛亚信仰者和严重的抑郁症患者，《译者的任务》是一封写给上帝的情书，充满了对原配的表白，却并不怎么在意人类能否理解，所以翻译过程十分艰难。有时候一句话不懂，一卡就是半年——苦思不解，自然耿耿于怀，萦绕不去，直到某一个阳光明媚的清晨或风雨交加的夜晚，灵光乍现，突然明白了这个精神病人的意思。当然，这番努力是值得的。2013年，我完成了《译者的任务》的译文初稿，也完成了自己的博士论文《安托瓦纳·贝尔曼翻译阐释学中的主体研究——

以印度原始佛教及佛教在华传播史上的几位译者为个案》，而理解法国的贝尔曼，必须首先理解德国的本雅明。这是因为：本雅明是贝尔曼的本我，他是藏在贝尔曼心中的隐秘欲望；换言之，贝尔曼，就是一个"思凡"的本雅明。

在定稿过程中，北京大学德语系的梁晶晶老师在原文理解方面给了我无私的指点，法语系硕士生周凌然同学对照德、法两种文字认真校对了译稿，在此一并致谢。也感谢三联书店对本书出版的支持。最后必须指出，"阐释学"（hermeneutics）一词中包含了一个在希腊神话里负责传递神意的"赫耳墨斯"（Hermès），然而凡人平庸的尺子，实难蠡测神的光年，现代阐释学最终只好承认：终极意义不可复原，误会是人类的宿命。我们对本雅明的理解，也只是尽力而为，不能保证全对。译文和导读中的所有错误和疏漏，责任全在笔者。

孙　凯
2022 年 1 月 29 日

译者的任务

面对一个艺术作品或一种艺术形式时,对接受者的参照在任何情况下都无助于对它们的认识。与被限定的公众或公众代表们发生任何关系都会使人误入歧途,不仅如此,在一切关于艺术的理论争鸣中,"理想"接受者的概念甚至是有害的,因为一般而言,这些争鸣只需要预先假定人的存在和人的本质。艺术本身也预先假定了人在身体和精神上的存在——没有一件艺术作品的关注点在人的身上。的确,没有哪首诗为读者体现价值,没有哪幅画为观者体现价值,没有哪部交响乐为听众体现价值。

一部译作会为不懂原文的读者体现价值吗?在艺术领域里,这似乎足以解释两者在层级上的差异。而且,这似乎是能够解释要把"同样的事情"说第二次的唯一理由。一篇文学作品"说"的究竟是什么呢？它交流的是什么呢？太少了，对理解它的人而言。文学作品中本质的东西不是交流，不是陈述。相反，希望交流的翻译能交流的也只有交流本身，也就是非本质的东西。同样，这也是识别坏翻译的诸多标志之一。然而，在一部文学作品中，在交流之上——连坏译者都会承认，本质的东西在这儿——大家不是公认尚有难以把握、神秘莫测、富于"诗性"的东西吗？不是还有译者非自己成为作家而不能复原的东西吗？事实上，我们由此触碰到坏翻译的第二个明显标志，即可被定义为对某种非本质内容进行非精确传达的翻译。尽心尽力伺候读者的翻译，总是属于这种情况。如果翻译针对的是读者，那原文也应该是针对读者的。如果原文并不因读者而存在，那么，基于这种关系的翻译又能如何理解呢？

翻译是一种形式。为了将它原样生擒，需要回到原文。的确，在可译性的辖区内，形之法则莫不寓于原文。一部作品的可译性问题有两层意义。它可以意味着：在所有读者中，该作品能否找到胜任的译者？或者，更准确地说：从本质上，它是否接纳，而且如果它接纳的话——就这种形式的含义来说——它是否进而渴望翻译？原则上讲，第一个问题的解决不过是或然性的，而第二个问题则是必然性的。只有肤浅的思想才会否认第二个问题的独立意义，从而将两个问题弄混。与之相悖而行的事实是指出——某些关系性概念保留了它们优良，甚至或许是完美的含义，只要不将其一股脑地、排他地与人相联系。于是，我们大可提及一个忘不了的生命或瞬间，哪怕所有人均已将其遗忘。因为如果说它们在本质上苛求我们不能将其忘记，这个谓语是无可指摘的，只不过，这是一个人类无法回应的苛求，同时，也可以追溯到一方区域，答案会向其呈现：一种对上帝的记忆。作为回答，剩下的事情，就是评估语言构造中所包含的可译性——哪怕对人类来说，语言构造是不可译的。然而，如果翻译的概念在最严格的意义上被界定了，语言构造的不可译，难道不该限定在某个范围之内吗？如果坚持这种分界，由此产生的问题是，某种既定的语言构造是否强制翻译？因为在这里，如下主张是贴切的：如果翻译是一种形式，某些作品的可译性就应该是本质的东西。

在本质上，可译性是某些作品的应有之义——这并不是说翻译它们对这些作品而言是本质的，而是说原文的某种固有含义是在可译性中显现出来的。显而易见，一篇译文再好，也永远不能在意指方面替代原文。不过，鉴于其可译性，译文与原文紧紧地关联在一起。甚至，这种关联是内在的，这尤其因为，它不再为原文本身意指任何东西。这种关联可以称为自然关联，说得更确切一点，是一种生命的关联。正如生命的表征与生者内在地关联在一起，却不为生者意指任何东西，译文从原文中脱胎而来。与其说它脱胎于原文的生命，不如说它脱胎于原文的"来世"。因为译文晚于原文，对于在脱胎而来的时代未曾找到天选译者的重要作品来说，译作是其生命延续阶段的标志。对于艺术作品来说，需将生命和生命延续的概念理解成毫无隐喻的客观事实。甚至在偏见大炽的时代，我们也认为自己无权将生命归于简单的有机肉身。不过，并非要像费希纳[1]所尝试的那样，把生命交付给灵魂这一脆弱的权杖掌控；更不可为的是，竟以更加无法作为衡量标准的动物性时刻——如仅能偶尔成为其特征的感官体验——为出发点来定义灵魂。

---

[1] 费希纳（Gustav Theodor Fechner, 1801—1887年），德国哲学家、心理学家，泛灵论者。他认为万物都有灵魂，宇宙的灵魂便是上帝。——译注

再者，生命的指认需凭借一切有历史的东西，而它并不全然是历史的上演场所，只有这时，生命之为概念才会进入正途。因为，应从历史——而非自然，更非模糊不清的观念如灵魂及感官体验者——出发最终划定生命的辖域。哲学家的任务由此而生，即以历史这一更为广阔的生命为出发点来理解任何自然的生命。至少，作品的生命延续比创造物的生命延续更易指认，两者的难度岂可同日而语？伟大艺术作品的历史见证了它们从源头起的代代相传，见证了它们在艺术家所处时代中的成型，也见证了它们在以后的世世代代中在本质上永恒的生命延续时期。这种生命延续在临世之时，自命为荣光。一部作品在其生命延续中收获荣光之时，超越了传达的翻译作品也就诞生了。所以，并不是说这些翻译作品服务于这份荣光（正如一些坏译者习惯于为他们的工作而声张的那样），而是说它们得以存世，皆拜荣光之赐。在荣光之中，原文生命得到历久弥新、最迟到来也最为广阔的拓展。

这种拓展，正如一个特殊而崇高的生命的拓展，被一个特殊而崇高的终极性所决定。生命与终极性——它们的关联貌似鲜明，却几乎不为人知；生命的所有终极性都接二连三地作用在那个归宿上，只有这个归宿不在生命所在的星球上，而是在更高层次上被寻找，这种关联才会显示出来。一般而言，所有终极已定的生命表象，正如它们的终极性一样，归根结底，其终极目的不在于生命，而在于生命本质的表达，在于生命含义的展现。同样，归根结底，翻译的终极目的在于表达诸语之间最为内在的关系。翻译不可能启示或创造这种本身隐藏起来的关系；不过，翻译可以展现它，因为翻译在萌芽状态下，或者说蓄势待发地实现了这种关系。这种通过某种形式、通过自身创造的萌芽对某种所指之物的展现，确实是一种完全异乎寻常的展现模式，在非语言的生命辖域中几乎无法找到。因为非语言的生命在一些类比和符号中得到的是其他类型的参照，而非蓄势待发的，也就是说，先知先觉的、能宣告未来的那种实现。——不过，诸语之间可以预见的极其内在的关系，是一种特殊的汇合关系。汇合的意义在于：诸语相互之间并不陌生，但排除一切历史关系，它们想说的内容在先天上是相互关联的。

尝试如此解释之后，思想似乎经历了一番徒劳的迂回，显然又回到了翻译的传统理论上来。如果诸语之间的亲缘性理应在翻译中得到证明，那么除了尽可能准确地传达原文的形式和意义，还有别的方法吗？说实话，传统翻译理论无法表达这种准确的概念，所以最终也不能将对翻译而言本质的东西呈现出来。不过，实际上，诸语之间的亲缘性在一篇译文中，要比它在两篇文学作品肤浅而难以定义的相似性中体现出来的深刻、清楚得多。为了领会原文和译文的真实关系，我们不妨进行一番思考，其用意完全可以类比一番思想历程，而后者理应表明图像复制理论是不可能的。如果说我们在那里表明，在认识的领域里，不存在任何客观，甚至也不能对客观有任何指望，如果说所谓认识，就是对现实的复制，那么，我们在这里也可以表明，如果翻译向往的是与原文彻头彻尾的相似性，那么，任何翻译都是不可能的。因为，如果翻译的生命延续不是生者的变形与更新，它就是名不副实的；正是在翻译的生命延续里，原作才得其变。即使是已无法变动的措辞，也有大器晚成之日。在一个作者自己的时代里成为其文学语言倾向的东西可能在后来消失，内在的倾向也可能从既定形式中重新脱颖而出。新颖的，往后可能会显得陈腐；常用的，往后可能会变成古董。在这样的变形中寻找本质，也正如在所谓意义保留的恒定之物中寻找本质，本着后代的主观臆断，而非本着语言及其作品最本真的生命，这就等于承认了最为粗糙的心理主义，到头来混淆了一个事物的基础和本质，或者更严厉地说，出于思想的贫瘠，否定了最有力、最肥沃的历史进程。愿将作者的最后一笔视为对作品的仁慈一击，这仍然无法拯救这种垂死的翻译理论。的确，正如伟大文学作品的调式和含义随着世纪更迭而彻底变形，同样变形的还有译者的母语。是的，作家的言语凭借其独有之物苦苦留存，而即使是最伟大的翻译，也注定要在它自己语言的生长中消亡，在自我的更新中沉沦。翻译远非在两种死语言中搞无益的平均，以至在所有形式中，翻译独有的形式在于指出异国言语的大器晚成及本国言语的分娩痛苦。

如果说翻译中体现的是诸语之间的亲缘性，这并非由于复制品与原作之间模糊不清的相似性。正如一般来说，亲缘性显然不一定意味着相似性。在这种语境下，亲缘性这一概念所呼应的是它最为严格的狭义，只要原始概念没有给出一个适用于两种情况的充分定义，尽管原始概念对于确定这个最严格的狭义而言一定是不可或缺的——如果抛开任何历史的亲缘性，还能去哪里寻找两种语言间的亲缘性呢？无论如何，亲缘性与其说在于作品的相似性，不如说在于词语的相似性。诸语间任何超历史的亲缘性不如说基于如下事实：在任何一种每次都被视为一个整体的语言里，都有一个事物——当然是同一个事物——被意向瞄准，然而，没有任何一种语言能在孤立的情况下命中它，这件事只有各种语言互为补充的意向之和——纯语言——才能做到。外语中所有孤立的要素、词、句子，彼此的关联，均相互排斥，但就它们的意向本身而言，诸语之间却是相互补充的。为了领会这条语言哲学的基本法则，应该将意向中的意向所瞄对象和意向瞄准方式加以区别。在 Brot 和 Pain 中，意向所瞄对象当然是一样的，但意向瞄准方式并不相同。的确，就意向瞄准方式而言，对于德国人和法国人来说，这两个词意指的是两个截然不同的东西，它们不可互换，甚至归根结底，还有相互排斥的倾向；不过，就意向所瞄对象而言，这两个词绝对地考察起来，意指的东西完全一般无二。在这两个词里，意向瞄准方式相互对立，却在它们所源自的两种语言中实现了自我补充。的确，这两种语言身上，意向瞄准方式相互补充，以意向所瞄对象为目的。在被孤立考察，因而并不完整的语言中，诸语所瞄对象永无可能通过一种相对的独立被命中，就好像词和句子被孤立考察的情况，但它可以在一种持续的变化中被抓住，直至其作为纯语言从所有意向瞄准方式的和谐交融中重现于世。在那之前，诸语所瞄对象一直隐藏在诸语之中。不过，当诸语生长壮大，直至在它们的历史中迎来弥赛亚的终点，为诸语的神圣生长提供证据的，非翻译莫属——它在与作品永恒的生命延续及诸语无限重生的接触中熊熊燃烧：为的是了解诸语藏匿之物离启示有多远，以及，在了解这种距离后，诸语藏匿之物怎样进入现在时。

由此，我们当然会承认，任何翻译，某种程度上均不过是一种与诸语之异互通声气的权宜之计。对于异，无时限、非权宜、刹那终极的解决方法，人类尚无法企及，或者说，人类毕竟还不能在脱离媒介的情况下得道。话说回来，成长中的宗教变成了媒介，催熟一种更高层次的语言深藏在诸语之中的种子。至于翻译，尽管它与艺术不同，无法指望自身作品之恒久，却也并不拒绝向着任何语言拼接最后的、终极的、决定性的阶段靠近。通过翻译，原文在纯语言可以说是更为高洁、更为纯粹的氛围下生长、提升——原文当然无法长存，而且，由于相距甚远，也无法全面命中，却至少能在接近它的过程中不断表现出令人赞叹的持久态势，仿佛向着一个诸语之间达成圆满与和解的殊胜禁地靠拢。原文永远不会完全命中纯语言，然而，使翻译得以超越交流的东西正寄宿在它身上。更确切地说，我们可以把这个本质核定义为新的不可译之物。即使我们能在这个本质核中尽可能地提取可交流之物，并且翻译它，但真正的译者努力瞄准的对象，依然难以企及。翻译不像原文中作家的言语，它是不可传达的，因为意涵和语言的关系在原文和译文中完全不同。如果说在原文里，意涵和语言的关系仿佛果实与果皮，聚合成一个可靠的整体，译文的语言却像一件大褶王袍一样包裹着意涵。因为译文语言意味着一种超越了原文意涵的语言，在面对它自己的意涵时，则变得不合时宜、牵强迥异。这道裂缝阻止了传达，使其变得徒劳无功。因为一部作品的任何翻译，都属于语言史中的一个特定时刻，鉴于其意涵中的既定一面，代表了其他所有语言意涵中的方方面面。翻译也将原文嫁接在一块——不无反讽地说——更富终极性的土地上，至少在用任何转运手段都无法搬移原文，只能将原文不断重新竖起在其他方面的情况下。在这里，"反讽"一词让人想起浪漫派思想，这是不无道理的。浪漫派诸子比别人先行一步，更早地看清了作品的生命，而翻译正是作品生命的一个绝好例证。没错，他们并未承认过它就是这样的，只是将全部的注意力放在批评上，而批评也展现了——尽管在层次上逊了一筹——作品生命延续的某一时刻。他们不怎么想通过理论关注一下翻译，即使这样，他们作为译者的作品依然可圈可点，且无不伴随着这种形式带来的某种本质感和尊严感。一切迹象表明，这种感觉在作家身上并未表现得最为强烈；而且，或许正是作为作家的后者，为这种感觉留下了最小的空间。历史没有一次会认可这个传统偏见，即重要的译者会成为作家，不重要的作家不过是平庸的译者。一批最伟大的人，如路德[2]、福斯[3]、施莱格尔[4]，他们作为译者比作为作家的重要性大得多；其他一些

---

[2] 路德（Martin Luther，1483—1546），翻译家、欧洲宗教改革运动发起人、基督教新教的创立者。他主张用德意志民族语言翻译《圣经》。——译注
[3] 福斯（Jean Henri Voss，1751—1826），德国文学评论家、诗人，荷马作品的译者。——译注
[4] 施莱格尔［August Wilhelm（von）Schlegel，1767—1845］，德国作家、翻译家、东方学家，德国浪漫派运动的主要理论奠基人之一，翻译过莎士比亚、但丁、彼特拉克、亚里士多德等人的作品。——译注

最伟大的人，如荷尔德林[5]和格奥尔格[6]，以他们的整体创作来看，也不应该仅仅被视为作家。尤其作为译者，更不能被如此看待。的确，正如翻译是一个独有的形式，我们也可以将译者的任务理解成一个独有的任务，并将其与作家的任务明确区别开来。

译者的任务是：在译入语中找到能够由此唤醒原文回声的意向。这正是将翻译与文学创作完全区分开来的一个特点，因为后者的意向永远不会本真而全面地走近语言，而只会以直接的方式向着语言中既定的意涵关联走近。翻译并不能和可以说是在语言的山林内一扎到底的作品等同视之；它置身其外，面对山林，并不穿入，却在自己的语言里能屡试不爽地激起异语作品回声的寥寥几个地方呼唤着原文。不仅翻译的意向所瞄之物不同于作品的意向所瞄之物——也就是说，从某个独一无二的艺术作品出发全面地走向一种语言——它本身也自具一格：作家的意向是天真

---

[5] 荷尔德林（Friedrich Hölderlin, 1770—1843），德国诗人、哲学家、翻译家，古典浪漫派诗歌的先驱，曾将古希腊剧作家索福克勒斯的著作翻译成德语。——译注
[6] 格奥尔格（Stefan George, 1868—1933），德国象征派诗人、翻译家，曾将但丁、莎士比亚、波德莱尔等人的著作翻译成德语。——译注

的、初始的、直觉的,译者的意向则是派生的、后起的、理念的。因为,正是将多语整合为一种唯一的真正语言这个伟大的动机,为译者的工作提供了内容。在译者的工作中,被孤立考察的句子、作品和判断永远无法呼应——因为它们都是依赖翻译的——而同时,诸语自身却彼此之间协调一致,在它们的意向瞄准方式上相互补充、彼此和解。不过,如果说有一种真理语言,百思欲得其解的终极秘密从容不迫,且自身不露声色地蕴含其中,那么它就是那种真理语言——真正的语言。对这种语言的预感与描述包含了哲学家所能期盼的无双完美,正蓄势待发地藏在那些翻译之中。没有哲学的缪斯,也没有翻译的缪斯。不过,无论是哲学还是翻译,都并非伤感的艺术家们所声称的那样粗俗平庸。因为有一位哲学天才,对这种语言的乡愁彰显在翻译之中,构成了他最富个人特色的风格。"诸语的不完美是因为多样性,至高无上的语言并不在场:思考是无须道具和耳语的写作,而不朽的言语依然是沉默的;在人世间,民族语言的多样性使任何人都无法喊出本可在弹指间物化为真理的词句。"如果说马拉美的这些词句表达的思想可以被哲学家严格执行,那么翻译,带着某种语言的萌芽,便处于创造和教义之间。译者的工作不像教义那样力透纸背，却也深深铭刻于历史之中。

译者的任务既已得到如此阐明，通往其解决方法的道路似有愈发晦暗、更加难以参透之嫌。这还不算：在翻译中，这个任务意味着催熟一种纯语言的种子，却似乎永无完成之日，且任何解决方法都不足以将其定义。如果说意义的复原不再成为标准，译者的任务岂不是被抽掉了任何基础？这里所说的正是先前所谓之已经转成贬义的"含义"。忠实和自由——复原的自由针对的是意义，而词的忠实服务于这种自由——自古以来，任何关于翻译的讨论，人们援引的概念概莫如是。这些概念似乎已不再能服务于一个在翻译中并不寻求意义复原的理论了。显然，它们的传统语义只有在自身不断消解的情况下才会考察到这些概念。的确，忠实对于意义的复原起到了什么作用呢？孤立词语的翻译中体现出来的忠实几乎从来不能充分复原这个词在原文中的意义。因为这个意义，依照其对于原文而言的文学含义来说，不会在意向所瞄之物中穷尽，却恰好经由如下事实才获得它：在一个既定的词中，意向所瞄之物和意向瞄准方式息息相关。正像大家习惯套用的这个表述所说的那样：词语随其自身传送的是一种情调。句法上的直译使任何意义复原都成为泡影,并有直接导致不可理解的危险。在十九世纪,荷尔德林翻译的索福克勒斯看起来就是这种直译骇人听闻的例子。毕竟,复原形式的忠实会让意义的忠实变得何等艰难,这是不言而喻的。因此,务必忠实,这绝非出于对保存意义的关心。坏译者们放荡不羁的自由可以更好地保存意义,而文学和语言却远远不及。而且,这种合法性显而易见的、原理却不为人知的务必,也有必要以更贴切的关联为出发点来理解。正如一个陶瓷的碎片,为了重新拼接在一起,必须在细节上严丝合缝,却不必彼此相像;翻译也一样,与其模拟原文的意义,不如满怀爱意,把原文的意向瞄准方式纤毫不爽地并入自己的语言,就这样让原文和译文像同一个陶瓷的两块碎片那样,成为一种更大的语言的残片。这正是翻译要超脱于任何交流的意图,并在很大程度上超脱于意义的原因;原文只有在使译者及其作品脱离了交流的苦难和法则的情况下才对翻译是至关重要的。ἐν ἀρχή ἤν ὁ λόγος,"太初有道",这句箴言同样可以用在翻译领域。面对意义,翻译有权利,或者说,它甚至有义务让自己的语言放任自流,目的是让自己独有的意向方式并非作为意义的意向复原,而是让它作为个中自有和声的语言的补充,和谐地与之发生共鸣。这就是为什么,尤在翻译出现的时代,我们所能给予翻译的最高夸奖并非是读起来像是用译文语言写出的原文。更确切地说,以直译为担保的忠实意味着它任由作品表达了它对自身语言补充物的浓烈乡愁。真正的翻译是透明的,它不掩盖原文,不遮挡原文的光芒,却使宛如被翻译自身的通灵之气所加强的纯语言充分地降临于原文之上。最初达成的直译是句法的直接转换,它表明译者的初始要素是词语而非句子。因为在原文语言面前,句子是墙,直译是拱廊。

我们向来把翻译中的忠实和自由视为相互对立的两种倾向,如果这是真的,那么,对于忠实更深入的解读似乎非但没有促成两者的和解,却反而剥夺了自由的一切权利。的确,自由所参照的,如果不是理应停止扮演立法者角色的意义复原,又能是什么呢?如果可以将构造某种语言的意义等同于其交流的意义,还有一种终极的、决定性之物,它身处于任何交流之外,与交流的意义相差毫厘却远隔千里,或被它遮掩,或更为显著,或被它折碎,或更为强大。在任何语言及语言构造中,都有某个凌驾于可交流物之上的不可交流物，该物根据被命中时的语境，体现为能征或所征。能征仅存在于诸语既定的构造之中，而所征存在于诸语的未来。在诸语的未来中试图自我展现，甚至自行产生的东西，正是纯语言的内核。只不过，如果说这一内核是隐藏的、碎片状的，却如所征本身一样存在于生命之中，那么它只以所征的姿态在诸般构造中寄宿。如果说这个终极的本质，也就是纯语言本身，在诸语之中，只和语言的以及语言的变形发生关系，那么，在复制的过程中，它承载了沉重而陌生的意义。将终极本质从这种意义中解脱出来，将能征变为所征，在语言运行中重新找出组织严密的纯语言，这便是翻译雄辩而独有的能力。这种纯语言，不再瞄准什么，也不再表达什么，却如非表现性的，而又充满创造性的言语，再现了所有语言的所瞄之物；任何交流、任何意义和任何意向最后都进入一个它们注定将会熄灭的界域。正是此物，为翻译的自由提供了一种新的、更高层次上的合法性。这种合法性得以生存，并非基于交流中的意义——忠于意义的任务恰恰在于解放意义。相反，自由用它自己的语言为纯语言提供了证据。纯语言在外语中遭流放，在自身语言中被救赎，在作品中遭囚禁，在再创造中被解放，这正是译者的任务。译者心怀对纯语言的向往，打破自身语言如虫啃蚁蛀般的框架：路德、福斯、荷尔德林和格奥尔格拓展了德语的边界——就译文和原文的关系而言，意义在这里蕴藏着怎样的含义，不妨用一个比喻加以说明。就好比切线仅在唯一的一点和圆形一触即离；是这一接触而非切点，给了切线作为直线无限顺延的法则；同样道理，翻译仅在一个意义无限小的点上和原文一触即离，为了按照语言运行自由中的忠实法则以最贴近的方式顺延下去。这种自由的真实含义，鲁道夫·潘维茨[7]不命名、不辩护，却在《欧洲文化危机》的层层推演中对它的特征进行了描述——这些推演和歌德[8]在《西东合集》注疏中的思考一样堪称德国在翻译理论方面已有的最佳出版物。潘维茨写道："我们的翻译，即使是最优秀的那些，如果它希望将印度语、希腊语和英语日耳曼化，而不是把德语印度化、希腊化和英语化，其出发点就

---

[7] 潘维茨（Rudolf Pannwitz，1881—1969），德国哲学家，精研语文学和梵文。

[8] 歌德（Johann Wolfgang von Goethe，1749—1832），德国作家、思想家、科学家，魏玛的古典主义最著名的代表。歌德翻译过本韦努托·切里尼、狄德罗、伏尔泰等人的作品；尽管不以翻译家闻名，但翻译实践事实上贯穿了他的一生。

是错的。它们尊重母语的使用甚于尊重外国作品的精神。译者的根本性错误是想要维护母语的偶然状态，而非任由外语将自己强行摇撼。尤其，当他从一门极其遥远的语言进行翻译时，须上溯到这种语言本身的根本要素，在那里，词语、图像和调式浑然一体；他需借外语之力扩大、加深自己的语言，我们无法想象这在何种程度上是可能的、在何种程度上每门语言可以变形，语言和语言之间的距离几乎就等于方言和方言之间的距离；不过，过分地轻率视之是不行的，只有认真对待，才会实现这一点。"

一个译本能在多大程度上呼应这种形式的本质，客观上将由原文的可译性决定。原文的语言越无价值，越无尊严，交流的成分越大，翻译的胜算就越少，以至这个意义的全部优势非但不会成为貌似圆满的翻译的杠杆，反而会使之一败涂地。一部作品的本性越崇高，也就越——即使与它的意义一触即离——可译。当然，这只是对原文而言。相反，译文被证实是不可译的，这并非由于意义加诸译文之上的分量，而是因为意义触及译文的方式是昙花一现的。荷尔德林的译文，尤其是他翻译的两部索福克勒斯悲剧证实了这一点，也证实了其他所有核心的观点。在那里，语言之间如水乳交融般和谐，以至语言之风只以风弦琴的方式触及意义。荷尔德林的译本为它们的形式提供了原型；哪怕之于同一文本的多个最圆满版本，它们也好像原型之于模型一样，将荷尔德林和博尔夏特[9]就品达[10]《皮提亚颂歌第三首》的译文两相对照，便一目了然。正因如此，任何翻译都先天携带的骇人风险在这里比别处更具威胁力：一种被如此拓宽、如此控制的语言，它的大门砸下，将译者困于沉默的樊笼。荷尔德林翻译的索福克勒斯是他的绝笔之作。在那里，意义满坑满谷地轰然坍塌，直欲迷失在语言的无底深渊之中。然而，有一个休止点。它不对任何文本构成担保，除了那篇圣典——在圣典中，意义不再是语言流和启示流的分水岭。当失去媒介，失去任何意义的调停，文本在直译中属于真正的语言、属于真理，或者说属于教义的时候，它就纯粹而朴素地变得可译。当然，这时考虑的不再是文本，而仅仅是诸语。面对文本，翻译必须抱以无限信任，以至于，正如原文中的语言和启示，译文中的直译和自由应该在

---

[9] 博尔夏特（Rudolf Borchardt，1877—1945），德国作家、翻译家。
[10] 品达（Pindare，约前518—约前438），古希腊抒情诗人。

行内对译的形式下从容不迫地融为一体。因为在某种程度上，所有的伟大文字都在字里行间包含了它们的潜在译文，尤以圣典为甚。圣典的行内对译本是任何翻译的原型或理想。

作者简介：

保罗·利科（1913—2005），法国当代著名哲学家、阐释学家，与海德格尔、伽达默尔并称当代阐释学的三位大师，代表著作有《时间与叙事》《活的隐喻》《历史与真理》等。他继承了现象学传统，又用结构主义、精神分析学和符号学等补充和发展了阐释学，提出了"综合阐释学"的概念，力图让该学科实现认识论、本体论和方法论上的统一。《论翻译》是利科唯一一部关于翻译的著述，思辨的中心议题是语言在理论上的"不可译性"与翻译在实践中的"可行性"，展现了翻译是一门处于窘境中的伟大艺术。

瓦尔特·本雅明（1892年—1940年），犹太学者，法兰克福学派的代表人物之一。《译者的任务》发表于1923年，由于晦涩难懂，当时无人注意，多年后却被发现和大量解读，影响巨大。安托瓦纳·贝尔曼对此文的评价是："我们将它视为20世纪关于翻译的核心文章。也许，每个世纪只能推出一篇这类文章：一篇无可逾越的文章……""不仅本雅明无可逾越，时至今日，他仍然比我们超前。我们不停地努力，试图赶上他……"可以说，乔姆斯基的"深层结构论"、梅肖尼克的"忠于节奏"及"离心论"、贝尔曼的"文字翻译"、德里达的"解构主义"，都是本文或显或隐的回声。

译者简介：

章文，翻译学博士，任教于北京大学外国语学院法语系，研究方向为翻译学、法国儿童文学，在国内外重要学术期刊上发表论文十余篇。代表性专著有《法国儿童文学：理论与实践》(北京大学出版社即出)，译著《异域的考验》获 2021 年傅雷翻译出版奖社科类奖项。

孙凯，70 后学者，北京大学法语系副教授，研究方向为翻译学、法国印度学学科史、1453 教学法。发表翻译作品约 150 万字，代表作品有《绘画史事》(达尼埃尔·阿拉斯)、《名人传》(罗曼·罗兰)、《社会契约论》(让－雅克·卢梭) 等。

法兰西思想文化丛书

《内在经验》
［法］乔治·巴塔耶 著　程小牧 译

《文艺杂谈》
［法］保罗·瓦莱里 著　段映虹 译

《梦想的诗学》
［法］加斯东·巴什拉 著　刘自强 译

《成人之年》
［法］米歇尔·莱里斯 著　东门杨 译

《异域的考验：德国浪漫主义时期的文化与翻译》
［法］安托瓦纳·贝尔曼 著　章文 译

《罗兰·巴特论戏剧》
［法］罗兰·巴特 著　罗湉 译

《浪漫的谎言与小说的真实》
［法］勒内·基拉尔 著　罗芃 译

《1863，现代绘画的诞生》
［法］加埃坦·皮康 著　周皓 译

《入眠之力》
［法］皮埃尔·巴谢 著　苑宁 译

《祭牲与成神：初民社会的秩序》
［法］勒内·基拉尔 著　周莽 译

《文学第三共和国：从福楼拜到普鲁斯特》
［法］安托瓦纳·贡巴尼翁 著　龚觅 译

《黑皮肤，白面具》
［法］弗朗茨·法农 著　张香筠 译

《保罗·利科论翻译》
［法］保罗·利科 著　章文　孙凯 译

《论国家》
［法］皮埃尔·布尔迪厄 著　贾云 译

《细节：一部离作品更近的绘画史》（即出）
［法］达尼埃尔·阿拉斯 著　东门杨 译

《犹太精神的回归》（待出）
［法］伊丽莎白·卢迪奈斯库 著　张祖建 译

《人与神圣》（待出）
［法］罗杰·卡卢瓦 著　赵天舒 译

《伟大世纪的道德》
［法］保罗·贝尼舒 著　丁若汀 译

《十八世纪欧洲思想》
［法］保罗·阿扎尔 著　马洁宁 译

《人民的本质》
［法］黛博拉·高恩 著　张香筠 译